華爾街預言師 上冊

翹楚金融神通 華仔

三元三旨已開
靈感來至瑤池金母 千手之恩 三官的疼惜
分別在2006、2007、2010、2015以及2020年
由玉帝下旨 出版金融預言書 眾神前來加持
讓有緣人避開股市空頭市場 普渡眾生
20年來經由網路理財寫作以及預言書圓滿驗證

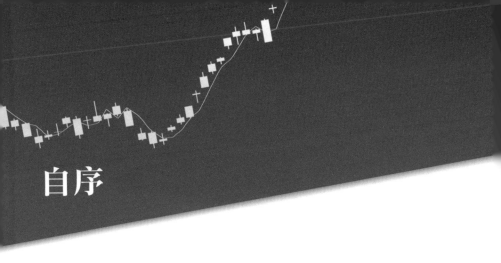

自序

　　1987 年、筆者十歲那一年，因家人從事股票買賣，我就開始研究股市，並試著預測未來。隨後被主力挖角，從事大盤趨勢分析，組織了股市研究團隊，邁出國際股匯市操盤的第一步。對於一個在財金上沒有受過正統訓練的人來說，這是何等的幸運，感恩上天賦予我在直觀中才能證悟的真理與境界。

　　《華爾街預言師》除了教導讀者如何獨立進行金融操作、降低投資風險之外，當中有些內容並不是地球人寫得出來的，前幾本也是一樣，但中間被我這個地球人刪了許多，這一本就沒刪了，因為這次的主題是「預言師」。正統的預言師背後往往有高靈在幫忙，筆者當然也不例外，而要如何得到靈感寫未來？其中跨越各宗教門派，如基督教、佛教、道教等高靈都有來找過我，並引領我去透視未來。許多人信基督教就不信佛教或道教，或者信佛教又排斥其他宗教等，

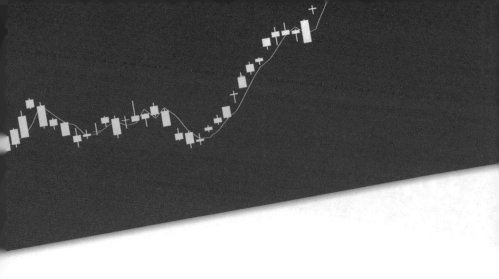

但對華仔來說，這些都不是問題，華仔可以來去自如、隨心所欲，因為高靈共同點是要華仔預測未來金融走勢，幫助窮苦人家從谷底翻身。2007年寫完《專業操盤人的致富密碼》，大可退休隱居起來，但實在心繫股海茫茫沒有明天的投資人，才有接下來幾本書陸續面市。由於華仔是正牌的金融預言師，所以不能曝光上電視，免得影響預知能力，預測不準對我的粉絲金主們反而是一種傷害。

　　在寫第一本金融預言書時，就開始構思這本書了，若能以小說形式配合預言的方式來完成，市面上幾乎是前所未有。想到此，我終於下定決心，決定將故事情節和操盤技術完美結合，寫一位白手起家的人物，配合少數人才有的第六感，在資本市場取得致富密碼，造福廣大投資網友的經過。然而要寫出一部出色的作品實在不容易，首先故事性要強，同時也要具有現實性和批判性，小說中的人物有些不是正常

人能見到的，但卻真實發生在作者身上。像我這種想讓自己的書籍成為經典的人，無疑是個瘋子，但我願意當這個瘋子，因為經典的東西在這個社會更顯得珍貴，相信讀者看過之後一定會產生共鳴。

　　為了精進第六感，十多年來特別到各宗教去摸索與學習，其中包括基督教、佛教以及道教，郭台銘老家的板橋媽祖廟、松山慈惠堂的母娘，輾轉到士林千手觀音廟……等等，都留下了我的足跡。為了成為多元化專業的操盤人，我從學習台股走勢、大陸股市到預測美國股市，間接學會國際匯率走勢，再從中學會預測黃金、輕原油、農產品，以及美國債券的未來走勢；為了擴大整體金融市場交易的槓桿，從股票、權證、期貨到選擇權，開始涉獵不同領域。時光流逝，金錢也幾經沉浮，我始終沒有放棄自己的夢想，現在雖不敢言百戰百勝，卻也是久經戰場、寵辱不驚。有時候一件事或者一

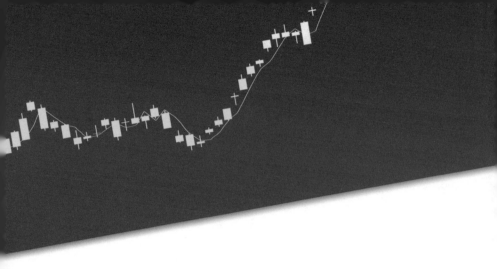

本書往往能改變另一個人的人生，一部小說如果能讓原本絕望的投資人發現希望，我想它無疑就成功了，這也是我創作這部小說的最終目標。

這部小說呈現給大家的是一個出生在保險世家、未曾出外工作過的年輕人，富有先天性金融神通、靈通本領，加上後天努力，利用第六感在股市中進出，多次帶領眾多股友避開股市大崩盤。從對股市一無所知，到掌舵數億的操盤基金，中間經歷過數次破財危機，遇到貴人成長為迪化街控盤主力一員，從事規劃台股大盤轉折。在 2000 年網路泡沫期間，靠炒作 CDR 權證、營建資產股、原物料股、DRAM 股，賺進人生第一桶金，最後帶領主力群環遊國際金融市場，放空日圓、黃金、澳幣大獲全勝的故事。

筆者預知金融行情，超越宗教以及各密宗派別界限，有

系統整合且詳細幫助在股市的人們化除迷惑、建立信心。這部小說也凝聚了我研究股市多年的心血結晶，我研究波浪理論以及甘氏理論，如同一百年前的艾略特與甘氏研究美國股市一樣，日以繼夜地研究著台灣股市。如今我幾乎已破解全球金融指數的密碼，深知未來各種金融指數的行情方向，並且已在前四本著作中逐年印證。

　　《華爾街預言師》分為上、下兩冊，上冊主題「翹楚金融神通」，詳述作者 1977 年出生至今，金融操作的酸甜苦辣，以及如何運用週期循環與金融神通來預測未來。下冊主題「狙擊黑天鵝」，限量發行 888 本，未來數十年各種金融指數轉折，皆鉅細靡遺規劃在著作裡，作者並收集了 300 多年的金融市場大數據，從 1693 年的英國股市開始，全球股市、貴金屬、匯市、農產品、石油、利率、債券、畜產品、台指選擇權以及經濟數據……等等，購書讀者可加入「週期

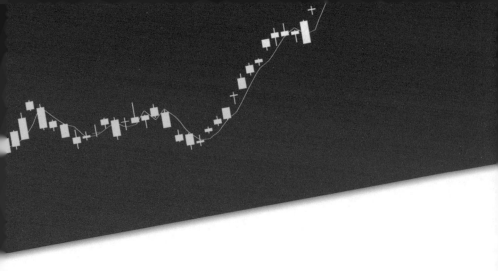

循環研究院」群組後自由下載，實用的週期循環圖表、各種指數天機圖，讓讀者一眼就能透視未來。日後亦可在聚財網或 LINE 官方群組 @609qgufm 參與討論，對於金融操作有興趣、想學好週期循環，任何疑問作者會即時回覆，一同研究金融市場的奧秘。上天賦予天分，完成金融預言書，任務近乎完成、功德圓滿，日後將不再出書，將畢生獨門祕技傳承給讀者，從中篩選得意門生接續下去。

　　走這條路說一點都不辛苦是騙人的，能夠有所成就已然不易，但我毫不吝嗇地展示在我的著作裡，只為吸引一群志同道合的朋友。如果讀者在股市做得不順暢，或者立志做好股票卻處於瓶頸期，這部專業操盤人所寫的小說，必將成為您的嚮導。

目錄

華爾街
預言師 上冊

第一章

降世神通

人們為了生存難免會有私心，唯有不在乎名、利、權，配合天生有某些殘缺的專業人才，可將私心化到最小。因此，為神佛服務，當專業無私的道士或預言師，在投胎轉世前，必須在殘障、窮苦以及孤獨擇一來轉世，以此來化解私心。

筆者來自於貧苦大家族，前面有四個姊姊，接著生下哥哥，最後才生下筆者，在那個時代，母親生我前承受很大壓力。聽長輩說，由於母親上一代重男輕女，從小就被親生父母棄養，在無親人照料之下，一直很信奉觀音，因而幫母親渡過許多難關。長大後好不容易有個屬於自己的家，將新家的神堂擺設好，對著牆面上的觀音佛像說：「第五個兒子一直跟著四位姊姊玩洋娃娃，擔心日後會變成娘娘腔，希望佛母能幫我一個忙，讓我再生一個健康又乖巧的兒子，我願意吃素三年。」隔一個月，母親半醒半夢中躺在床上看見天花板牆角有一條青龍，正在一旁飛舞著，醒來直覺告訴她要到婦產科檢查一下，果真又懷孕了。可惜的是，當時家裡非常窮困，父親只是一位小廚師，母親四處打零工貼補家用，所以當下決定不生了，到家裡附近的藥局買了墮胎藥，不假思索、狠心地服了下去，然後到婦產科檢查，醫生告知懷孕不要亂吃東西，免得影響胎兒，母親不敢說剛剛吃的是墮胎藥。隔一段時間，藥劑師建議有一帖藥比之前的藥效更強，保證藥到子除，隨即帶回家服了下去，再到婦產科檢查，此刻醫師知道母親吃的是墮胎藥，便對母親說：「既然連吃了兩次墮胎藥，肚子裡小孩還想跟妳的話，就把他生下來吧！況且

那幾帖藥並不會產生副作用，可能是自己心理上的因素才會反胃。」懷孕時期，時常夢到天花板牆角邊有條青龍在監視著，直到把我順利生出來才消失不見，母親始終認為自己很清醒，不覺得那是在夢中，認定應該是先前向觀音求子所帶來的神蹟。

　　母親雖然之前有自然產下五個小孩的經驗，由於我的頭顱比一般小孩大許多，差點造成母親難產。醫生提議結紮，但這需要父親的簽名，於是父親急忙跑來：「上天說我有一打子的命，可以繼續生下去。」母親原本對結紮沒什麼意見，但聽到這段話，立即簽下切結書。進入手術房，麻醉醫師請母親從一數到十，只數到七，母親便迅速進入夢鄉。剛開始整個人在打轉，就像小叮噹帶著大雄坐時光機，一路飛到半空中，再快速地摔落到地面上，心想這下慘了！還好有驚無險，不一會兒恢復平靜，穿越了時光隧道，來到另一個世界。醒來後整個人帶著一份溫馨又感動的心情，急忙告訴家人，剛剛夢到在仙境般的地方遊玩，那邊的人都穿著古代的服飾，既高貴又漂亮，而自己卻穿著手術服，衣衫不整感覺很不自在……等等，這是一生中最美好的夢。

　　半年過去了，母親跟阿嬤抱著我到通靈師那邊去，這位算命仙除了會幫人算命，還帶有通靈的本領，且收費低廉，因此我阿嬤那一代的人都很相信他的功力。此時才發現原來算命師恰巧也是拜觀音的，母親內心暗自竊喜，原來冥冥之

中已有保佑。但這一次通靈師說話比較專業且帶點神秘語氣，首先對著母親說：「這一位的命盤，跟妳前面幾個孩子截然不同，這個孩子有偏財運，事業方面跟錢滾錢的工作有關，導致精神壓力大，長大後腸胃功能必定不好。分析能力強、加上……可能有神助……，有些我也不是很確定，將來等小孩長大拿給他看，試探幾次就知了，算完你們這一家人，我也該告退了。」通靈師欲言又止，一時說不出個所以然。

　　1977 年，台灣人對股票投資並不熟悉，感覺那是有錢人在玩的遊戲，大部分有錢人是把錢拿出來做生意投資，再滾出更多錢，於是阿嬤覺得他的孫子將來很會做生意，可幫家人滾出更多錢來。母親把我的命盤接了過去，瞧了幾眼，雖然不完全懂，但那時她對股市相關名稱已有些許認知，直覺告訴她，從股市裡滾出更多錢來的偏財運或許也不錯，便喜極而泣當初的墮胎藥沒有發揮作用，相信暗地裡有無形的力量在幫忙。此時此刻，原先對青龍不以為意的長輩們，在得知命盤裡有偏財與神助的命格後，各自議論紛紛，態度立即180 度大轉變，此後我們一家人備受關愛與呵護的眼神。

　　在母親懷有華仔的前幾年，父親出國到西班牙當廚師，那時薪水還不錯，在低房價的年代，不到幾年就有能力買下屬於自己的房子，之前養五個小孩、到處租房子、被房東趕來趕去的苦日子，即將成為過去式。父親回國四年後，正逢中正紀念堂即將興建，手頭雖緊卻仍義不容辭捐了一筆錢，

也從母親口中得知原來阿公在世時，家裡雖沒錢，卻時常四處造橋鋪路，深怕路過的人被坑洞給絆倒。不怕自己過得苦，總是擔心人們在外受到傷害，這樣的性格好像會遺傳似的，逐漸成為我們家族共有的特徵。

誰能不顧自己的家園，拋棄記憶中的童年？

時光回溯到 40 年前，當時的板橋算是個鄉下地方，萍水相依、安靜又祥和，田野間有成群的牲畜各自群聚著，像極了小型動物園，一派水鄉古鎮的風貌和恬靜。1981 年，就讀幼兒園前夕，母親擔心私立幼兒園龐大學費負擔，忙著四處打零工，一早遞給我巧克力麵包及一瓶牛奶，就急忙出門工作去了。出門前指著天上的太陽，只要來到頭頂上方，代表母親會回到家陪我吃午餐，等我午休入睡後，又會靜悄悄地離去。在這期間，我總是獨自玩身邊的小玩具，假想有一群玩伴陪伴著，一個人自言自語好不熱鬧，直至太陽西落，哥哥姊姊們分別放學回家，才又熱鬧哄哄起來。如此循環反覆無終已，此階段首次體驗到時間會「週期循環」的奧秘。

1985 年，就讀國小一年級，生為嬰兒潮的子女，做任何事都要比別人快一步才不會被排擠，班上一共有 54 位同學，第一次月考就名列全班第一名，便慫恿母親買一組當時最火紅的電視遊樂器。家裡沒什麼錢，母親為了要獎勵我，東湊西湊地，下雨天撐傘牽著我的手，一起走到林家花園一處小

鷹號的電玩店裡，我永遠忘不了這一天。記得一台主機剛出來要 5600 元，老闆娘見我是這裡的常客，時常帶一群人進來光顧，於是算我便宜點，只要 4200 元，加上三張卡帶，包括最熱門的瑪莉兄弟，一共花了 5500 元。對於母親那每月微薄的薪資（9000 元）來說，還要供 6 個小孩上學，算是一種極高的奢侈品。

上小二懂了幾個字，似乎已有「他心通」的能力，外人看起來就像個小大人，同學們有事總會第一個想到我，再居中替他們解決問題。但從學校視力檢查跟同學有極大的差異性，放學便到眼科給醫師檢驗。「你們家族有人是散光或者弱視的嗎？」眼科醫師絞盡腦汁想不透。「都沒有，我們家視力一個比一個好。除了三女兒愛讀書有近視，其餘也還好，我跟先生爸媽那一代也沒人在帶眼鏡。」母親謹慎回應著。「這就奇怪了？小孩沒有近視，卻有嚴重的散光，左眼 330 度、右眼 220 度，有斜視，此情況通常是遺傳的。」這個度數似乎跟著我一輩子，長大後也沒什麼變化。小時候不懂醫學的專有名詞，總是覺得自己本來就與眾不同，此事件更是突出顯現，便得意揚揚起來，面對同學一點自卑感也沒有。平常喜愛運動，並沒有帶眼鏡的習慣，直到上大學課業壓力的關係，必須利用左右觀察法，此刻才勉強帶上。

小時候母親跟父親意見不合時常說：「你在外面捐那麼多錢，拿到的獎狀不過是張壁紙，壁紙能當飯吃嗎？你跟你

爸爸都是同一個樣，家裡的人都窮死了，還有心在外面幫忙造橋鋪路，整天做白工，都沒想到家人還要吃飯嗎？」父親接著說：「咱們家小孩，各個健康懂事，沒有出去學壞最重要，錢太多在身上容易遇到壞人，你不覺得我們一家人一直都很平安嗎？」直到我出生之後，這些調侃的話就不再出現了，房子是懷有我那一年買的，而我就讀幼兒園，原本進不了公立，突然空出一個位置，不用抽籤即能擠進去，家裡唯有我讀公立幼稚園，不知不覺幫忙省了許多錢。這一連串好運都發生在我身上，因此，父母親始終深信我們這些孩子會帶給他們好運，驗證了「有子萬事足，家和萬事興」。

升上小三前，由於過度迷戀遊戲機，成績大幅滑落至倒數前十名，母親開始把紅白機藏匿起來，不給我跟哥哥玩，等到學業成績有所改善再放行。由於渴望打電玩的日子，若期末考再不努力一點，可能整個暑假都要泡湯了，一想到要過著悲慘的日子，便立即靜下心來猛烈K書，很快地收回失土，拿回全班第一名，並且得到進步獎。此刻腦海裡浮現明顯的畫面，通知我電視遊樂器藏匿的地點，感覺是放在裁縫機裡面吧！我不疑有他的過去翻了一下，上面用一層黑布蓋起來，沒仔細看是無法察覺到的，便小心翼翼把布掀開：「哈哈，心通感應真準，果然在這邊！」於是開心地拿出來玩。母親望見便問我怎麼知道在那裡？我支支吾吾地不知該如何開口，只好胡亂掰個理由，畢竟母親時常警告我不能亂用神助力量，那是一種能量，一種可保有人生平安順心、讓周遭

人享福並遠離苦難的能量。

　　「哦！其實我早就知道藏在裁縫機裡，家裡這麼小，一翻就翻到了，妳說功課不好不能玩，就不敢輕舉妄動，一直等拿到進步獎才敢拿出來玩。」「是這樣子嗎？」母親狐疑的回話，我也不管那麼多，就這樣矇混過去了。回想那段跟大哥爭先恐後搶著玩紅白機的日子，真是讓人回味無窮。

　　轉眼間，暑假很快地過去了，升上小三成績又恢復倒數前十名，此時家裡最會讀書的三姊，她一邊讀書一邊兼數學家教，比較知道學生的心理，似乎看穿我的陰謀，走過來對我說：「你哦！頭幾次故意考差一點，下次再集中火力，努力用功得到進步獎，然後再來跟媽媽討獎品，是嗎？」說完便出了十道數學題給我：「答對一題給你一塊，全對就有十塊，看你能拿多少？」而我拿到錢之後，立即衝向柑仔店玩抽抽樂，當年柑仔店的老闆最害怕我上門消費，因為我多次只花一點錢即能抽中大獎，老闆每次看到我抽到大獎那種興奮的樣子，真是又愛又恨。

　　1987 年台灣房地產已悄悄上漲一波，家裡住的公寓從原本買的 25 萬上漲至 60 萬，正巧隔壁鄰居缺錢急用，想把房子賣掉還債，此刻父親跳出來說：「買房子就要買一樓來做生意，二樓以上買來沒什麼用處。」卻從未想過手中的頭期款有限，哪來的錢買店面？突然間我好像被人敲頭似的，心

裡浮出畫面，深深吸了一口氣，打了個大哈欠，眼睛微微閉上，右手五指互碰了一下，像是古代算命仙的五指算，得到莫名的靈感便脫口而出：「若不買，房子會馬上被買走，往後家裡的錢可能會花光，與其花光不如追高來買房子，順便把錢存下來。」我沒多作解釋，直接推著母親去找賣家，但還是慢一步，果真房子已經賣出去了。

母親不懂人口結構以及群眾的心理，我也還不懂，不過身為嬰兒潮的子女們，自然會被訓練出「快、狠、準」的技能，因為平常上課要跟著同輩一起擠進學校窄門，所以動作一向要快，不然容易錯失良機，最後只能在一旁乾瞪眼。例如吃飯要比快，不然一回頭我的雞腿就會被大哥吃掉了；拿零用錢更是要快，不然四個姊姊拿去後，就剩沒多少可拿了；而到圖書館讀書要先學會佔位置，不然就得去外面花錢買位子坐。

後來鄰居們逐漸發現，隔壁不是一般的投資客，而是握有內線的達官貴人，在台灣房地產資訊不夠透明的時代，本身口袋不夠深或者沒有內線消息的人，買賣房子必定會考慮半天，等到被收購走了，才又上演後悔莫及的戲碼。我們家就這樣看著隔壁的房子一路飆高，直到 1990 年台灣房地產噴出到最高峰，家裡遠房親戚終於受不了，高掛 395 萬要買，但屋主不想賣，想靠收租金當個包租婆，此刻，就算我們有再多錢也買不到了。

　　1990 年是台灣錢淹腳目的年代，股市從 1985 年的 636 點起漲，1990 年最高來到 12682 點，足足大漲 20 倍，而房地產大約漲了 10 ～ 15 倍，股市漲幅大於房地產，因此吸引越來越多人參與股市，活躍交易帳戶從 1988 年 6 月的不到 60 萬激增至 460 萬，每個家庭都在參與股市狂歡，這是真正的全民炒股。台灣股市的日平均交易量也從牛市開始時的不足 3 億，飆升至近 2000 億，單日最高成交量紀錄為 2162 億，是當時紐約交易所和東京交易所交易量的總和。由於當時台灣上市公司數量不到 200 家，巨大交易金額追求少數股票，紛紛帶動各類股價狂漲，90% 的交易量都是由散戶堆積出來的。當時的電視節目只有三台，第四台還不合法，沒有股市分析節目，投資人想得到股市資訊，得到證券商或者打開收音機，透過女主播死板板的報價聲，才能得知目前的成交行情，大約每半小時就會報完一輪，等聽到消息時，股價早已漲停鎖住，就算打電話給營業員，他們盤中可是忙得很，在高交易量、手續費不打折的情況下，各個口袋麥克麥克，年薪數百萬不是件難事，連倒茶水的小妹年終也領 96 個月的分紅獎金。因此，電話那頭的營業員可是神氣的很。

　　二姊是個無師自通的鋼琴老師，「無師自通」似乎是老天爺賦予我們這些窮人獨有的特異功能，因為沒錢補習，所以一切都得靠自己摸索，也因為她的關係，家中兄弟姊妹各個皆會彈琴，在學校彈上一兩首，便成為同學們仰慕的對象。由於二姊音感與眾不同，愛上了女主播的聲音，時常陪伴母

親拿著收音機一起聽股票行情，而我重感冒正在家休息，鼻音很重，在一旁模仿收音機的聲音，差點把母女倆氣昏。正逢政府要課徵證所稅，導致台股連跌 19 天停板，第 20 天才打開：「國壽 1850 塊，漲停板，買不到的人，明日請早。就算打開了，也沒錢買，哇哈哈！」924 後的開盤，國壽持續跳空跌停賣不出去，「呼叫、呼叫！國壽又跌停了！還好沒錢買，不然晚餐就沒雞腿吃了，只剩稀飯跟白開水喝到飽。」一會兒買不到，一會兒又賣不出去，股票市場像極了瘋人院，並非正常人能從事的工作。

當時，母親時常去板橋車站（現今府中捷運站）旁的日盛證券，只要我放假而股市有開盤的話，就會帶著我一塊去。某個天朗氣清的早晨，台股離九點開盤還有一小時，母親說今天要早點去，不然擠不進去，更別談有位子坐了，隨後，我們一起坐著公車到證券商。此時正是 1990 年的冬末春初之際，寒假即將結束，城市的發展速度接近瘋癲發狂的現象，股票達到了歷史性的巔峰，市場異常繁榮，建築物愈建愈高，淑女的裙子卻越穿越短，股市不斷誘惑著年輕人和野心家，而我也是其中之一。當我走進證券商，首次看見電視牆上滿滿的數字在變動著，心中可是無比的興奮，身體不由自主地搖晃起來，也不知道自個兒在亢奮什麼，只記得股價數字的演變，投射到我腦海裡，漸漸產生音樂演奏，不知不覺整個人掉進舞廳的舞台裡，聽到動人心弦的音樂，隨著音樂節奏，生理以及心理逐漸產生化學變化。事後發覺輕快的旋律

代表即將大漲，可作多股票；慢的曲調是提醒我們不要心急，大盤正在盤整待變；而悲傷又沉重的歌曲則是代表股市即將崩落，此刻便通知母親不要把錢投資進去，順利幫母親躲過1990年上半年的大崩盤。

短短幾個月的時間，大盤很快地從 12682 點崩落至 6000 點附近，我們高點下來持續空手，在股市交易上都沒有受到傷害，卻在母親自作聰明的思維下，手癢進場搶了反彈，被套在半山腰，這好像是股市初學者必經的歷險過程。更慘的是，大盤頭也不回，像一把高處墜落的尖刀，最後狠狠地摔落到 2485 點，才結束台股大崩盤的戲碼。家裡的資金全押在最熱門的金融股上面，此刻不知怎麼一回事，我的腦袋感覺被掏空似的，無法集中精神。10月12日是股市最低迷的時刻，新聞媒體充斥著令人心灰意冷的消息，感覺時空永遠停止在這一瞬間，令人窒息無法掙扎，我永遠記得這一刻。

下課回到家，原來是母親的憂慮影響到我的磁場，傍晚陪著母親來到廟裡拜拜散散心，順便抽籤問事，請一旁師兄幫忙解籤，他對著母親說：「是這位小孩抽的嗎？他背後有無形的在幫忙，日後賺來的錢大都是神明送來的，記得把福氣分送出去，跟大家一起分享，才能維繫好運。有能力的話，多做點善行吧！可幫你們家守財，不然容易財來財去。」這一間是板橋媽祖廟，20 年後郭台銘成為台灣首富，逐漸被炒熱起來。母親心中瞭解，可能之前投資賺錢一直沒好好享受、

跟家人分享，才會走到今天這個地步，若當初捐點微不足道的小錢出去，早點來廟裡還願，或許那時就不會自作主張搶反彈，更不會住套房了。我在一旁看著母親一邊自言自語、一邊捶心肝，忍不住摀住嘴巴偷笑，看來沒什麼事，只是把之前獲利部分吐了回去。

媽祖廟裡頭有許多宮殿，母親帶著我去參拜，首先是該廟的主神——媽祖，母親很有自信的對著我說：「我們家從小到大的光明燈、太歲燈等都是在這裡安的。」當下感應到媽祖是來保佑我們全家平安的。接著走到三界公（三官大帝）面前，看見神明前面圓形扁體狀的金牌一個個飛向我眼前，像是要送給我似的，我深深吸了一口氣，把一個個金牌吸入到肚子裡。爾後問母親這是誰，怎麼會有三位神明？「這是三界公，你不會看哦！」於是我向前瞄了一下，分別是上元一品賜福天官紫微大帝，中元二品赦罪地官清虛大帝，下元三品解厄水官大帝。有緣人可獲得天官賜福，地官赦罪保命，水官消災解厄。

「你既然這麼有福氣，背後必有送福氣的神明賜福給你，天官就是其中一位。我們家裡拜的土地公也是。一般生意人才會拜土地公，我們家沒做生意，為何也要拜土地公呢？這都是跟你有關係。」原以為福氣是一種形容詞，客套話的說法，就如同小時候時常被誇長得好可愛、帥氣、有人緣之類的，現在才知道原來「福氣」是福運、福分、造化、

幸福，並非隨口說說的讚揚語氣。一般人們賺大錢時，回來還願都是打金牌送給神明，但接到神明送來的金牌卻是我第一次遇到。

拜完諸位神明之後，我們繼續往其他廟宇走去，看見裡頭有許多女性的神明，母親點完香正要向前參拜時，我突然看見好多雙手又金又亮，像無影手般旋繞著，全身一閃一閃亮晶晶的，使得我無法正眼直視，深怕被閃到，過了一會兒才回過神來，便好奇地問母親那是誰？

「該神明是千手觀音，我們家拜拜的牆面也有觀音圖像，兩者其實是同一個化身，觀音是來救苦救難的，若你對祂有感應的話，應該會在你痛苦難受時來解救你，若有任何問題，可去請教祂。」

「我沒有什麼問題，每天有電視遊樂器玩的日子，超開心地。」

「媽媽股票套牢，家裡買菜錢全押注在裡面，你是我向觀音求子生出來的，體質比較特殊，可以幫我去請教千手觀音嗎？」

「那妳先告訴我，送帥氣的神明在哪裡？我要去參拜祂，順便感謝祂讓我長得那麼帥。」

「你先幫我請教千手觀音，等會兒就帶你去。」

由於母親從未欺騙過我，因此我便開心地雙手合掌，跪在千手觀音面前。第一次在神明面前說話，既害羞又不自在，但最後還是鼓起勇氣發問，正要開口說話時，不由自主打了一聲很響的嗝，內心得到了另類的想法。小時候對許多股市的專業術語不是很懂，也不知道母親到底賠多少，我只能直截了當地把內心感應到的想法說出來：「最壞情況已經過去，接近成本小賺小賠就要退場休息囉！」原以為這個答案不是那麼理想，投資理當要賺大錢才算是好的形容詞，但母親聽了似乎很開心，這才明白她私底下應該賠得比預期多很多。

兩個月的時間很快地過去了，大盤隨即從 2485 點上漲至 5000 多點，母親興奮地將手中所有股票出清，暫時不敢再碰股票了。頓時家裡的菜色豐富了不少，家中每個人每天都有一隻雞腿，獨獨我有兩隻，哥哥姊姊們各個舉手抗議，但都被全天下最明理的母親給否決掉了，股市菜籃族投資術也暫告一段落。

即將升國中之前，由於周潤發主演的賭神電影深受歡迎，大街小巷盛行梭哈的賭博遊戲，當然我也不例外，時常試著學賭神高進變一張黑桃 3 出來，但我的方法不是把原本的牌換成另外一張，而是不看底牌，看牌面上缺什麼牌，利用神通來感應想要的牌，把底牌變成有用的王牌，成功機率

相當高。感覺財神一向站在我這邊,就這樣在外面贏了許多錢回家。

在對賭的遊戲中,若玩了許多回合你還找不到誰是冤大頭,那麼自己可能就是冤大頭。同樣道理,在金融市場的零和遊戲中,操作了一段時日,還找不到市場上誰是冤大頭,恐怕自個兒就是那一個冤大頭了。當時國中生都認為自己很聰明,個個把我這小六生當作冤大頭,唯有這樣他們才會卸下心防陪我賭一場。由於家族成員都熱愛數學上的數字遊戲,私底下跟家人聊到外面的賭局,母親知道我在外面跟一群國中生賭博,非常反對,深怕我學壞,將來會變成「爛賭鬼」,偏偏我又是天生要靠賭為生的命格,活在沒有賭的世界裡,我將無所用處,無奈之下,只好慫恿我回家賭。因此從國中開始,學會跟家人打麻將,這也是家人們惡夢的開始。

在買賣股票之前,為了籌錢進入股市,更是狠狠地把哥哥姊姊們的血汗錢往自個兒口袋裡塞,父親則是我心目中最大一棵搖錢樹。外表看來還是個小伙子,出門隨身帶著幾千元上街,走起路來感覺有一陣風飛過來迎接我,整個人沉浸在賭的世界裡。最後兄姊們建議我還是到外面去賭好了,把贏來的錢拿回家輸給他們,這樣比較理想。母親反對的說:「又不是賭鬼,家裡小玩就好,外面可是老千聚集地,小心掉進賭場設下的騙局。」此時,我看見家裡《聯合晚報》上一排排數字密密麻麻的,便好奇的問母親這是什麼?「這是

股票，裡頭有很多錢等著你去拿，有本事就從這裡賺，不要只懂得贏家人的錢。」

一向不喜歡讀書的我，紙張上死板板的字樣原本無法引起我多大的興趣，但聽到母親這麼說，於是專心地瞄了幾眼，母親直接叫我選一檔股票給她參考，我不敢大意，深怕我們又陷入痛苦的泥沼，便說等深入研究之後再帶著家人上戰場。於是母親拿她的筆記本給我看，上面記錄了近年來每日加權指數的收盤價、成交量以及 KD 值……等數據，只要一有空閒，我就會陸續把上面的數據，整齊劃一地畫在大開的圖紙上面，完工後，原本死氣沈沈的數據變成一幅美麗動人的圖像，這才清楚看出前一年的 12682 點是歷史最高點，隔沒多久發生股災，崩盤至 2485 點。回想當初只要有從事股票交易的人應該都賠得很慘吧！我們能全身而退、倖免於難，真是不幸中的大幸呀！

升上國二之後，我懷著內疚與不安的心情度過每一天，由於課業變得繁重，不再是臨時抱佛腳就能得到理想的成績，唯獨數學成績仍舊不錯。可是自個兒實在不喜歡讀書，便慫恿同學一起學投資股票的技巧，日後合作賺大錢，把一部分的錢捐給孤兒院，有錢可以做許多善事，不是很好嗎？我瀟灑地說著。但是許多同學聽了不以為然，畢竟在那年代，讀書才會有出息，卻萬萬沒想到將來可能會被歸類於「高學歷的失業一族」。他們認為股票是種賭博的行為，是看不到

前途的工作，在還未做善事之前，就會先葬身股海而身敗名裂，於是個個避而遠之。只有一位同學的爸爸有在投資，比較聽得懂什麼是股票，而且操作的資金聽說很大，並非我能想像的到的，我們就這樣組織成一個合作關係，我私下持續教他數學，他從家裡拿股市的專業書籍供我研究，然後再一起鑽研股市的奧秘。除了班花以外，我再也沒有教其他同學數學了，不是我有私心，而是這些人不認同我說的話，在磁場不合的情況下，最後只能分道揚鑣。

傳說中的賭與色是分不開的，越愛賭的人，通常就會越色，我也有這種化學反應，幸好的是，我始終未染上喝酒以及抽煙的壞習慣，時常保持清醒的腦袋，因此可以享受賭與色之間微妙的刺激感，不做爛賭鬼、不亂性則是至今的馬其諾防線。賭與色，自古就是相依相生，一旦加上酒精的催化，那可是會後患無窮，一發不可收拾。

第二章

初入股市

　　我經常告誡周遭朋友，若要進入股市就要趁年輕，不然就永遠不要進來。不要等到在本業累積了大筆財富後，才進場輸光光，這時恐怕已沒有翻身的機會了。

　　常聽股市分析師說：「手頭僅有 10 萬元就不要進來股票市場，賺五成僅獲利 5 萬元，扣掉平常生活所需的花費，長期根本無法累積財富。」乍聽之下有點道理，但經過我長期觀察，卻是大錯特錯。我們平常不利用小錢來精進理財技巧，退休後才拿大筆財富來投資，從來沒有買賣股票的經驗，一旦摔跤，將永無翻身的機會，畢竟人生中最大的一筆財富已被洗劫一空，晚景將是令人難以想像的淒涼。

◎籌資計劃

　　國小四年級，初次看見股價在電視牆上跳動，股市便開始不斷誘惑我，直到利用自己的資金正式進場操作，已相隔 7 個年頭。一般人開好證券戶頭，早已在股海裡廝殺了，而我卻甘願悶著坐冷板凳，其中有兩個原因，第一是沒有足夠的資本；再者，股市對我來說算是個大型賭場，不像家庭賭博，光靠運氣就能上手贏幾把，因此，我足足做了 7 年的功課才敢親自上戰場。老師在上課時，我總是習慣把畫好的股市圖表拿出來複習，起先看不太懂，感覺只是一幅死板的圖像，但經由日積月累，間接與圖表產生情感，有一種莫名的感覺，好像在召喚我可以對它上下其手，於是便試圖畫大盤

未來方向。當時同學們的小老婆是一台 50cc 機車，我的小老婆則是股市線形圖。就這樣照三餐複習，持續從歷史圖表中尋找靈感，甚至傍晚還會偷偷藏起來，直至家人沒發現，才安心抱著圖表一塊入睡。一早起床，家人看到了，都覺得我中毒太深。

即將投入股市前夕，我正就讀高職二年級，之前較要好的國中同學「小陳」考上了成功高中，從就讀學校的等級，可看出我跟他的智商相差甚遠，但我依然當他的數學小老師，三不五時就會跑到他家。小陳的父親見到我，剛開始以為是高中同學，直到得知我就讀一般的職業學校，這才感到無比驚訝！為何一位平凡高職生可以教他兒子數學？坦白說，當時對我來說還真的有點難度，不過只要小陳有不懂的地方，我都會馬上請教三姊，三姊隨便在紙上畫個圖，花點時間略微講解，我弄懂後立即興奮地跑去解釋給小陳聽，每當教完他人，心中總是得到十足的成就感。但這並不是我有多厲害，而是藏在背後的數學之神——三姊的功勞。當時她已畢業於師範大學數學系，正在學校裡教書。由於三姊考大學時家裡沒什麼錢，雖然她的成績足以就讀任何一所大學，但考量學費壓力，最後痛定思痛放棄台灣大學，選擇了第二志願、當時尚不須繳學費的師範大學，每個月還有額外的補助金可領，這是不得已的選擇，三姊為此悶悶不樂、哭了好幾天。其實這個選擇是母親私下跟我一起討論出來的結果，從命盤上得到的感應，認為她當老師再好也不過了，一向心

軟的三姊不必到外面跟人們競爭，除了能幫助各階層學生，又能為自己累積福報，何樂而不為呢？

而我國中畢業、準備要考高中時，也碰到同樣的抉擇，只不過我的成績沒有那麼好，在公立高中錄取率不到 15% 的情況下，鐵定考不上，讀私立又要花家人一大筆錢，於是我想到一勞永逸的方法，配合我天生的偏財運性格，不如投機一點，利用稍高的分數來讀省立的職業學校，每年可省一大筆學費。由於職業學校的學生在數學、英文方面的成績相較失色，而這是我的強項，所以只要在考前把該背的文科背熟一點，應該就能輕鬆拿到全校第一名，然後再去申請多項的獎助學金，讓自己口袋麥克麥克，或許這是個籌備股票資金的好方法。請示過文昌帝君之後，當晚靈感就來敲門了，文昌帝君在夢裡對我說：「這個方法可行，但不能近女色。」醒來後我便決定進入省立基隆海事職業學校就讀。會選擇這所學校，除了學費便宜，該學校的山底下就是海洋大學，只要成績優異，可參加保送甄試，直接錄取國立海洋大學。當時只要能上大學，在長輩眼中就算是有出息的人，倘若我能藉由基隆海事輕鬆考取國立大學，不失為萬中選一的捷徑。

就讀高職兩年內，一切如我所料，很快就拿到優秀獎學金 8000 元、彭蒙惠英文獎助學金 5000 元、金毛獎（學科分數每科皆 90 分以上）、學科競賽全校第一名、數學獎以及個人田徑賽……等，獎牌拿回家，三姊跟母親也會補償獎金給

我，當然，最後還要靠高職同學在牌桌上慷慨解囊。就這樣輕輕鬆鬆湊足 5 萬元，便備好我的股市分析工具以及親手繪的大盤走勢圖，提起精神上戰場去。

◎賭徒的剋星

　　一般人首次買賣股票都算是新手，但我比較特別，從瞭解股市到自己學會畫股價圖表，中間已累積 7 年的經驗，雖然還沒有親自下海買過一張股票，但經由多年來的紙上談兵，也算是身經百戰，屬於老手一族。1995 年初，過完農曆年正式進場買賣股票，首次打電話給營業員，心中是既興奮又緊張，講話結結巴巴的。加權指數在 6300 點徘徊，由於先前功課做得很勤，已大概知悉長線大盤正要進入一段中期修正。大盤從 3098 點上漲至 7228 點，端視自己畫的圖表，很明顯已滿足五大波的上漲攻勢，共上漲 4130 點，利用黃金分割 0.618 的拉回修正，從最高點算起，大約要拉回 2552 點，代表指數會修正到 4675 點附近，才有機會看到下一次多頭反轉的訊號。

　　黃金分割率有許多參數，例如 0.382、0.5、0.618、0.809、1.0 等等，我私下則是最喜歡 0.618 黃金比例的修正波，以及等幅測量 1.0 這兩個神秘數字，一旦行情來到 1 的等漲跌幅（或等漲跌點），就是我們獲利落袋的時刻，千萬別貪心大於 1 的滿足點，那是可遇不可求的。其它參數則放棄使用，

「有捨才有得」是我學習技術分析的一貫作風。有些人一會兒用 0.382，發現修正過大改為 0.5，然後又逐次修正至 0.809 以上的參數，這類型的人容易走火入魔，事後會發現陷入死胡同，被波浪理論耍得團團轉。

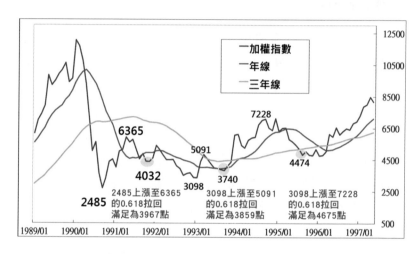

由於已測出大盤即將步入熊市，但還沒有資格開融資融券戶，所以只能作多，並無法靠著放空來賺錢，於是自作聰明尋找每次回檔的低點，進場搶反彈作多，低進高出，從中獲利。剛開始運氣真是不錯，我買了當時最熱門的塑化原物料股來回操作，過完農曆年開盤前立即市價敲進一張台聚 37.5 元，很快就漲至 44 元出掉，跌下來後再進場，短線高低轉折幾乎都被我抓到。就這樣開始在學校帶著隨身聽，一邊上課一邊聽股票報價，當下課鐘聲響起，馬上跑到電話亭打電話，問營業員股價行情，隨即下單操作。同學們隱約知悉我上課

在偷聽股票行情，但理念不同，許多同學詛咒我日後會流浪街頭，紛紛建議班上女同學千萬別嫁給像我這樣的賭徒，免得跟著一起受苦。我能理解是那些同學不瞭解股市的奧秘，才會在一旁說三道四，有時真想說出心裡的真心話：「我可是越賭越旺的命！」但恐怕只會讓同學們笑掉大牙，所以真的不太想跟他們解釋太多，免得影響到自己操作上的心境。也因此上高中之後，我的性情變了許多，變得不太愛講話，總是一個人沉思著股市操盤計劃，看起來像極了書呆子。

當時女同學們的偶像是香港四大天王，其中劉德華深受她們喜愛，有一位女同學獨排眾議，幫我取個外號叫做「華仔」，我的新綽號就此底定。為了答謝她們幫我取個不錯的外號，考前特別安排時間幫忙補習數學，於是我又開始享受被一群人圍著的感覺，那芬芳的髮香味令我難以忘懷，幾乎忘記文昌帝君對我的忠言。假日時，我們一齊出外郊遊，一位女同學穿著一身雪白的連衣裙，襯托著雪白的肌膚，雙目猶似一泓清水，蘊含著一絲冷傲，顧盼之際卻有一番清雅高華的氣質，我簡直看呆了，股市的漲跌早已被我拋到腦後。我不信邪地想打破「情場得意、賭場就會失意」的迷思，由於先前獲利連連，自信滿滿，胃口也因此變大，向母親要求開融資融券戶頭，順便加點本金進來，母親說時機還沒到，一口氣拒絕了。

當一個人的氣勢處在頂端、財旺桃花多的時候，永遠記

不起谷底期的沉著冷靜與保守心態，接下來我操作股票的靈敏度突然驟降，忘記大盤正在走空，作多股票要更加小心，在台聚跌落 40 元時，再度進場搶了反彈，殊不知一買就套，股價變得軟趴趴，一直沒彈到原先買的價格之上，似乎一點解套的機會都不給我，我也沒打算停損出場，想跟它比氣長，就這樣大盤跌多漲少，一路重挫至 4474 點才止跌。當時深受大陸文攻武嚇的利空襲擊，分別在台北、高雄兩地外海發射導彈，人人如驚弓之鳥，搶著囤積糧食，而我所買的股票更是狠狠地腰斬，加上中途加碼買了其他股票，損失超過 50%，首次讓我見識到股價無情的一面。

　　原資本 5 萬多，這下賠了 3 萬塊，相當於一年努力辛苦存進來的錢，就這樣憑空消失在我的眼前。賠錢感覺的確不好受，心中難以形容複雜的思緒，深深困住了我，便自行走到媽祖廟。那一天，我一次問了許多個問題，只求一支籤詩，心中懷疑能否得到圓滿的解答？沒想到這支籤詩只回答我三個問題。但我心中仍抱持著急於翻本的心態，於是再次請示，能否直接給我明牌，以及何時買、何時賣，讓我回本就好。突然間，一道白光飛向另一邊宮殿，好像對我揮手似的，隔壁正是三官大帝的宮殿，猜想該不會是要引導我去請示三官大帝吧？屢次向主神發問股市明牌的時候，媽祖總是顧左右而言祂，我一邊走著心裡一邊碎碎唸，一不留神滑了一跤，腳踝很快地腫脹起來，此時我大概知道怎麼一回事，也無心請示三官大帝了，參拜一下便狼狽地一拐一拐走路回家，養

身休息去。

　　當晚帶著一股悶氣入睡，進入夢鄉之後，我的靈體飛到媽祖廟裡去，對著媽祖有所怨言的說：「每次問到股市明牌，都得不到詳細的回應，只會叫我去找誰誰誰……」正要痛痛快快、毫無顧忌地把內心話全部講出來時，一隻大手瞬間蓋住我的天靈蓋，於是又進入另一個夢境，此時看到自己跪在媽祖面前，懇求賜我神奇的力量，足以擺脫過去；至於股市專業的學問，可以去請教三官大帝，因為賜福的天官大帝對股市深具專業，在投資上可幫我化解危機，並教導規劃未來的諸多想法。得到諸多感應之後，前一天扭傷的腳瞬間消退了許多，三天後立即能穩穩的走路，比起多年前扭傷需要休養一個月才能完全好轉，真是天壤之別！從此之後，三官大帝時常來夢裡指導我股市進出的技巧，祂的聲音像 40 ～ 50 歲鏗鏘有力的中年男子。不過，我心中仍然有些疑問，還有一些輕細柔和的女性聲音分別是誰的呢？媽祖在夢裡說話的聲音我已聽過了，是霸氣的阿婆聲，既然不是媽祖，當下第一個聯想到觀世音菩薩，那其次的高靈又是誰呢？至少還有三位女高靈在我夢裡出現過，其中有一位娃娃音很特別，講話會捲舌，像外省籍的女士跟我報大盤短波段行情。印象中，囡仔仙只懂六合彩明牌，股市行情必須更高竿的高靈才會懂。這些疑問一直困惑我許久，也沒打算請示神明，只好順其自然、聽天由命，等時機到了自然會讓我知道吧！

一般人投資失利後的內在想法：

1. 有些人一個月薪水 3 萬塊，轉眼間賠掉 3 萬，相當於要做一個月白工的痛。

2. 有些人省吃儉用，一直不敢吃太好，夏天不開冷氣，過著克勤克儉的生活。一年過去了，辛苦省下 3 萬塊，隔天股票跳空跌停，立即賠掉 3 萬，相當於要重新過著刻苦耐勞的生活，一年後才能省回來的痛。

3. 有些人進入股市是因為工作不好找，現實生活中賺不到錢，不想讓人瞧不起，於是想藉由股市來累積財富。想不到股市也來欺負他，持續遭遇到難以抵抗的挫折，這相當於事業失敗加上投資失敗的痛，在雙重打擊下，潛意識會暗示他的人生是全面性失敗的痛。

4. 有些人失戀，感覺整個人被否定，痛苦地不敢去面對，於是選擇進入股市，想藉由股市獲利來忘記前痛，利用快速累積財富來證明自己的存在。想不到投資也失敗，等於必須承受情感性精神疾病的傷痛。

初入股市的投資人，總是會經歷「與股票談戀愛」的情節，一廂情願把股票當作是一位終身伴侶，一旦放棄只會證明當初的選擇是一個錯誤，令自己難堪。當投資遇上逆境時，如果過於頑固，被自尊心所蒙蔽，就易犯心理學上所謂「選擇性扭曲」的錯誤，只會在各種影響市場走勢的因素中，聽

取對自己有利的市場消息，而忽略與自己方向相反的消息。這種選擇性地接收資訊的傾向，會導致投資人難以用理智來分析市場趨勢，當股市泡沫來臨時，個人感情會發揮極大的作用。此時投資人不理性地與股票談戀愛，股市分析已不再可靠，將盲目地長期持有，並且只記得過去成功的投資案例，忘記失敗的教訓。因此一旦進入股票市場，最好不要有太多感情上的牽絆，引證「情場得意、賭場就容易失意」的道理。

　　預測未來行情，經過多年來的體驗，光靠手繪的圖表很費時費力，在人力有限的情況下，研究成果將受到限制。上大學後，接觸電腦的機會變多了，開始利用 Excel 將循環程式逐一完成，此階段的我，像擁有百萬大軍的機械人在身邊。下圖即是 1999 年從失敗中得到的靈感，將大盤每隔十年曲線畫到圖表上，象徵股市十年的週期循環，從圖上得知 2000 年將上萬點，然後股市會崩盤的啟示。

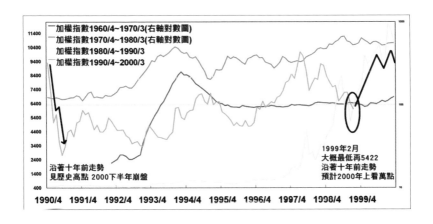

看週期循環圖表要像看世界地圖一樣，兩者都是平面的長方形，但地球是圓的，因此必須將長方形摺成圓筒狀，方能看到原貌。像小精靈遊戲裡頭的時光隧道，從最右邊進入，會從左邊的蟲洞跑出來，此時兩端最遠的距離，反而是最短的距離。由於是十年週期循環的圖表，將 1990/4 的時間點加上 10 年，可看成日後 2000/4 的時間點，代表歷史有機會重演。

📈 2020 年 10 月檢視十年週期循環圖表，這次多了景氣對策分數來分析，使預測未來的準確度提升許多，感覺歷史即將重新上演。

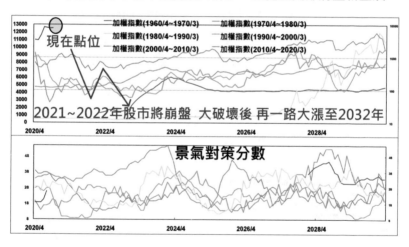

第三章

神通操盤人之路

「如果你愛一個人，送他進入股市，因為這裡是天堂；如果你恨一個人，送他進入股市，因為這裡是地獄。金融操盤人是獨自徘徊在天堂與地獄之間的靈魂，而要當一位成功的操盤人，必須先學會從墳墓堆裡爬出來。」這段話涵蓋了股市的一切，我也是在進入股市多年後，才悟出這個道理。

還未從事股市交易之前，我以為買賣股票跟賭博一樣，應該是拼個你死我活，不感到痛是無法體會到氣勢的好壞。只要我們連贏三把，臉部就會發燙，體溫上升，渾身輕飄飄的；一旦連輸三把，就會感到懊惱、憤怒、臉部產生扭曲。但經歷多年來的反覆思考，讓我更了解交易的本質，我發現在連續獲利的時候，會想要拿更多的資金進場搏一把，這種上癮現象是神經調節物質失調所影響的。當交易者已習慣某種獲利以及風險等級，就會難以抗拒想要利用更大的投資部位來冒險，直到超過自己承擔風險的能力，遇到大虧損，才會回過神來。

操作期指在獲利中進行加碼再加碼的行為，僅適合老手操作，一旦遇到瘋狗浪的大反撲，沒有適時出場者，容易從大賺演變成大賠。所以一位股市新手一開始便獲利連連並不是件好事，這將會讓一個人對風險掉以輕心。

筆者也曾在股市經歷過慘痛的教訓，大賠了 50%，首次領悟到股市投資破財的痛感，這種傷痛跟擁有 1000 萬賠到

只剩 500 萬是一樣的，只不過我的資金小，並不怕跌倒，因此可以很快提起精神，重新再戰。我總把賠掉的錢當作是學習金融投資應繳的學費，為了區區幾萬塊傷了心神可就大驚小怪了，將來我可是億來億去的操盤手呢！在這轉念的一瞬間，信心突然大增，接下來的操盤旅行中，也曾賠過 10 萬、30 萬，每經過一個嶄新的階段，賠錢的金額便與日俱增，我的野心也就越來越大。在股海征戰賺到人生第一桶金之前，曾經賠過 100 萬，當時差點躺平被抬出場，但我始終能從墳墓堆裡爬出來，原因只有一個：「那些年我曾經虧掉的錢，都是先前從股海裡撈上岸的，只不過今日操作上犯了小錯誤，把錢退還給市場罷了！」

現在回頭想想，要當個專業的操盤人實在不容易，成功了不會有太多成就感，發現酸葡萄掉滿地是常見的事，有些熟識的長輩會覺得為何一個人可以不用工作，光靠「賭」的偏激行為就能生活？在過去傳統封閉社會中，老一輩的人們通常不太了解，股市投資確實是一個致富捷徑，因此，我漸漸不再與親朋好友分享操作策略，因為賺錢別人會妒嫉，賠錢會被看笑話，只有低調沉默是最好的生活方式。不知不覺我變得越來越孤獨了，這應該是所有專業操盤人終將面對的困境吧！

$ 從哪裡跌倒就從哪裡爬起來

學生時期有打球運動的習慣，練就一身好體力。有了好體魄，抗壓力自然會變強，在壓力小的情境中交易，可以提高操作績效，接著眼明手快、膽大妄為的交易行為，也就自然地表露出來了。

首次運用 1000 萬來投資的人，如果這筆錢是工作十年以上的成果，一旦虧損超過 50%，可能就沒力氣爬起來了，由於負擔沉重，導致得失心過重，間接傷了心神，此時心中抱持著急於翻本的心態，自然不能集中精神想出好的對策，日後在操作上將演變成每況愈下、越來越糟的局面。

我們想要在市場上享受賺錢的快感，同時也要懂得應付賠錢時所遇到的挫折感，做任何事都要沉著冷靜、抗壓力要強，才足以長期生存在金融市場裡。然而，交易最難的地方是「知易行難」，所以我們更需要培養實戰經驗，讓交易的執行力充分被落實。

回想初入股市那幾年，總是急於下單交易，膽子大、心也夠狠，時常處在大賺大賠的處境，享受著冒險犯難的快感。當時就連地雷股從跌停板即將打開，也敢第一時間衝進去搶貨，等待著當天漲停，接著隔天又跳空漲停、現賺 3 根停板的樂趣，像極了一個什麼都不怕的賭徒。營業員總是誇我：

「怎麼知道今天跌停會打開？」當下尚不了解那是什麼力量驅使我有這股勇氣來交易，直到寫完《專業操盤人的致富密碼》一書，才逐步知曉。

原來是學生時期有到戶外打球運動的習慣，自然練就了一身好體力，有了好體魄，抗壓力自然會變強，在壓力小的情境中交易，可以提高操作績效，接著眼明手快、膽大妄為的交易行為，也就自然地表露出來了。除了適度的運動可以加強抗壓力之外，初學者善用小錢來學習投資的技巧，也可以用來練練膽量，由於小錢不怕賠，所以可以像賭徒一樣殺進又殺出，多賠幾次自然而然能體會到資金控管的重要性。

許多投資人在股市會持續虧損累累，始終摸不著頭緒，其中共有原因是從小沒有賭博輸個精光的經驗。賭博、投資、做生意和學走路的技巧，在上手前大致上是一樣的，每個人剛開始學走路都會跌倒，跌倒了再爬起來，沒有什麼好擔心的，寶寶學走路也會有 5 ～ 10 次跌倒摔傷的經驗，之後不但能走，還能跑又能跳。倘若我們學習投資亦能承受 5 ～ 10 次大破財的經驗，往後投資之路將更加無往不利。

什麼情況下，人們可以承受這麼多次的破財經驗，卻仍然屹立不搖呢？我始終能從墳墓堆裡走出來，不是家境好、財富源源不絕，也不是有過人的毅力，而是從小訓練有素，在小錢不怕賠、不怕跌倒受傷的情況下，逐步從失敗中累積

經驗，以致能越挫越勇。

時光來到 1999 年初，就讀大三那一年，我感覺身邊凝聚的磁場越來越強，好像越是孤獨寂寞、不近女色，時常以上半身來思考，面對投資越有賺錢的靈感，對大盤時間轉折的敏銳度也就與日俱增。因此，我在權證市場搏鬥廝殺了好幾回合，一度從最低資本 2 萬元大賺 50 倍，躋身百萬富翁俱樂部。當時只要身上沒有現金，到提款機前面喊「芝麻開門」就有了，屢屢領完錢端視著收據，會發現錢不但沒變少，還多了幾萬塊，此時心中可是得意的很。

俗語說得好：「囂張沒落魄的久」，因一次小失誤，忘了分散持股，將 100 多萬全押在一檔權證上，陸陸續續買了幾千張，該檔權證市場流通只有 2 萬張，我就佔了 10% 持股，不知不覺當上該檔權證的主力，明知行情要反轉，得停損賣出持股，但市場上沒有人要接我的貨，可恨的證券商也不來造市讓我跑貨，眼看著到期日將近，股價未站上履約價，權證將變成壁紙，只要輕輕掛幾張賣單，股價便像即將墜落的飛機，可怕又無情。那一場戰役讓我賠了 100 萬，又把之前的獲利吐了回去。可能是思緒起浮波動太大了，不知不覺患了某些精神疾病，這是投資人經歷過大起大落必定會遇到的「心魔」，當下並不知那是什麼樣的情況，也沒有人從中拉我一把，多年以後才知道當時是焦慮症、躁鬱症、恐慌症等多重心理病上身。

　　回想自初入股市的第一天起,我的心思便跟隨著股價起伏不定,時而亢奮、時而憂心,在無師自通的投資旅途中橫衝直撞,一不小心就容易走火入魔,若是一般人早就瘋掉了,而我是如何撐到現在的呢?當我正處在人生另一個谷底期的十字路口,高職老師以及教務主任突然來電,告知高三同學5月份要參加保送甄試,希望我能回去幫忙。離開學校雖然已經3年了,但學弟妹們見到我都很有禮貌地稱呼「華仔老師好」,我頓時生出一種自豪感,他們怎麼知道我的外號?原來當年風光之事一直流傳到現在,如今我已是學校的傳奇人物。然而,當我站上講台就開始緊張了,原因是股價的巨幅波動,那種震撼力仍停留在我腦海裡運轉不停,焦慮的心境還沒被修復好。這時我抬眼望去,有一位美麗的班長給我撐腰,焦慮瞬間轉變為亢奮以及自信的原動力,這時我總算恢復狀態了。

　　「同學們好,很高興能夠和大家認識……」我開始傳授數學功法,一邊教數學,一邊講股市專業術語,三句不離股市話題,股市這門學問似乎已深深融入我的生活。當我用數學來解剖論述如何在股市奮鬥、成為百萬富翁的時候,整個班級鴉雀無聲,原本對數學不感興趣的學生,光看他們那專注的目光,一雙雙眼睛滿是驚奇,特別是家裡有從事股票買賣的同學,如同被我洗腦一般。

　　「老師,股市是什麼東西啊?為何跟數學有關?」

「老師，大學有沒有投資股票的專業課程呢？」

「老師，你怎麼知道明年初股市會上萬點，然後崩盤？」

「老師，你已經有 100 萬了，今晚怎麼有空來我們學校教書啊！」

「這位同學問得好，如果我現在還有 100 萬的話，今晚肯定不會來這裡了，股市就像一個可怕的吸血鬼，吸乾了我的所有……」我又開始描述我的失敗之旅，聽得大家目瞪口呆。相信這一定是成功的一堂課，也是學弟妹們注意力最集中的一堂課。當下課鐘聲響起，還沒等我宣佈下課，同學們已如潮水般湧了上來，他們將我團團圍住，渴望從數學中學會投資理財的技巧。

「老師，再講講股市嘛！」

「老師，什麼叫超額利潤的權證？怎樣才能賺到 10 倍？」

「老師，你還會重回股市操作權證嗎？」

「我當然會再投入股市，男人不當兵並不用覺得丟臉，但一個人如果一生中不曾在股市歷練過的話，那他這一輩子等於白活了。」我感覺他們開始對股市充滿好奇，股市就是

這麼神奇有趣，它能讓一個人頹廢，也能讓一個人奮起。從前的理想再一次在心中燃起，我真不該繼續沮喪，讓學弟妹們看笑話可就糗大了，應該擇機再次回到股市裡。

如果不打算做一件事情，那就別開始；如果開始了，即便天塌下來也要盡心將它完成。如果決定做一件事，那就盡快動手去做，不要受任何人的干擾，堅持下去，終究會成功。上述這段話確實讓我從巨虧的陰影中緩了過來，既然我已經開始做這件事情了，而且從 10 歲就開始準備了，打從 1988 年開始至今，少說也有 11 年的光景，難道真的就被這一次失敗給擊倒嗎？不，我沒有這麼脆弱，既然已經開始了，為什麼要放棄呢？縱觀市場上的股市菁英們，哪一個人沒有經歷過慘痛的失敗呢？這個市場比的不是金錢的多寡，而是生存時間的長短，比的是誰能持續笑到最後。一旦臉部扭曲無法翻轉回來，離開了市場，那我就真的失敗了；如果還有一口氣，能持續讓我生存下去，就一定會有成功的一天。

股市具有高度的流動性，自身的心理素質將成為成功的關鍵因素，並非純粹技術使然。對一般投資者而言，一旦進場之後，自己的情緒就充當了司機，而理性和客觀的心態僅僅是乘客而已，無論是主力還是散戶，最終將與至高無上的「心態」來較量，此時資金大小就不是什麼重要因素了。主力資金再大、技術再高也無法影響大盤趨勢，如果總是逆勢而為，終將遭到市場無情的打擊。對於一般散戶而言，也別

妄想掌握每個交易細節,只要把握三個關鍵,就能有效邁向致富路徑。首先是有信心才能出手,接著是操作心態要正確,最後是資金控管要得宜,長時間累積下來,人人都有機會靠投資來致富。投資比的是誰生存得更久、誰能持續笑到最後,並非某時某刻的大喜大悲,不是嗎?

$ 迪化街主力大盤規劃師

潮汐的變化可以預測,颱風的強弱可以預測,自然界的許多現象都可以分析、歸納,並找出規律,只要有「大數據」即可。因此,我從 1693 年的英國股市開始研究,收集 300多年數據來統計,配合先天性金融神通的體質,從中加以歸納分析,日後才有本事寫成一本金融預言書。

隔一陣子,打聽到國中同學小陳的爸爸對紫微斗數與易經命理深感興趣,對方也知道我操作權證很有一套,得知我下一波將操作 CDR 的鍊德權證,剛好是他們主力團隊近期要進場拉抬的對象,於是招攬我過去開會,研討炒股事宜。在金字塔頂端的富家子弟中,比的是高學歷、專業能力以及權貴力量,而我什麼都不是,只能遞上八字當作履歷表去碰碰運氣。

陳董說:「華仔未來幾年財運不錯。」我才被券商坑殺,賠了一肚子氣,聽到這幾個字,又燃起我心中的熊熊鬥

志——人從哪裡跌倒就要從哪裡爬起來。接著陳董又開口了，似乎看到命盤密碼，想測試我的神通能力。

「華仔，你覺得最近大盤會漲到什麼時候？」

「大約7月初見高點吧！最晚7月中就要跑貨了。」嘿嘿，早猜到會這麼問了，我也準備好要回應的答案。我一邊說著，陳董的助理在一旁做筆記，好像要把我的話全程記錄下來，令我受寵若驚。

「那麼你覺得什麼股票較會漲，可以作多？」

「當然是CDR類股，以鍊德為首，中環也不錯。」

「那麼權證要如何操作，才有10倍的利潤？」

「這要看本尊鍊德會漲到多少才能定論。」

「若是漲到300元呢？」

「什麼！今天鍊德才120元，短期怎麼可能到300元呢？」我眼睛瞪大地說。

「如果短期真的拉到300元，操作鍊德的權證可賺多少？」陳董很嚴謹地問我。

「今天權證價格在 1 元，履約價是 220 元，若鍊德直拉至 320 元，行使比例為 1，相對權證至少就有 100 塊的內涵價值（320 － 220）×1 ＝ 100 元。」我膽戰心驚的驗算中。

「鍊德只要漲到 320 元，這樣是不是就有 100 倍的利潤？」

「沒錯！不過……」我還來不及回應，一旁的人便異口同聲的叫好。在我還一頭霧水的時候，又有人發聲了：「這檔權證的證券商實在太可惡了，之前害我賠那麼慘，這下終於可以報仇了！」

他們在一旁興奮討論，我則一邊驗算，把鍊德漲到230、240、250……一直漲到 380 元時，所有的獲利曲線圖依序連接起來，變成一幅美麗的圖表，畫完之後便開心地拿給大家瞧瞧。

「你們看，這是鍊德一路漲至 380 元的損益圖表，只要過了 220 元，就海闊天空了。」

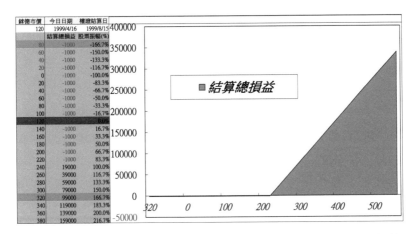

認股權證內涵價值＝（標的證券價格－履約價）× 行使比例。倘若標的證券股價在履約價之下，該檔權證的價格只剩時間價值；到期後標的證券仍未站上履約價，該檔認購權證將無任何價值。

買鍊德權證一張，倘若成交在 1 元，則最大損失為 1000元，最大獲利為無限；鍊德股價一旦來到 320 元，相當於股價要上漲 166％，權證至少會來到 100 元，可獲利 10 萬元，故有 100 倍的利潤。

當場感受到某些人被證券商坑殺的怨恨之氣，與我現在的心情是一致的，一直想找人幫忙討回這一口氣。好比一位小孩在海邊溺水時，第一時間求救會叫媽媽；當一個人在外面被欺負，第一時間會找幫手回來報仇；而當投資失利時，則是希望有個專業的操盤人幫他出口氣。此時，陳

董正背負著這個使命，但他不敢逆勢而為，得配合大盤走勢，進行順勢中的猛烈攻擊，而我正是團隊中負責抓拿大盤轉折的規劃師。

回家後，我仔細衡量鍊德 36 億的股本，代表市場上共有 36 萬張股票在流通，算是小型股，若是被陳董操盤團隊收購的話，的確輕而易舉就能吸光所有籌碼，然後造成日後的噴出走勢。我想他們應該跟公司派打過交道了，只差如何運用高槓桿來賺取超額利潤的手法罷了！

就這樣，我帶著即將成為暴發戶的心情，隔日一早趁著學校空堂，到基隆廟口附近的證券商看盤。現場看了報價，隨即拿起手機打電話下單，將僅剩的 5 萬塊買了鍊德的權證，1.2 元成交 40 張。起初本尊（鍊德）雖然沒漲，還小跌了幾天，但分身（權證）卻異常上漲，不到一週的時間就漲至 2 元，帳面瞬間獲利 66%，又重新享受賺錢的快感。當時內心感應到要幫助一位窮苦的老人家，希望能藉由權證操作幫她找回人生信心，便請她也買了 10 張。由於認購權證是近年來新推出的理財商品，台灣很少人懂，連營業員也怕怕的，過程中跟阿婆的營業員起了點口角，本想太麻煩了，幹嘛沒事找事做呢？但我仍按照高靈給我的指示，半拖半拉的幫阿婆下單。阿婆是相信我的，但年輕的營業員似乎把我當作門外漢看待，我便直接請經理出來換營業員，這才逼得營業員就範。

　　沒幾天權證就來到 2 塊多，可能是賺錢的速度太快，看著阿婆笑呵呵的模樣，內心充滿成就感。阿婆興奮地走過來跟我說：「沒幾天就賺 70% 了，要獲利了結了嗎？」「這只是前菜，妳先回家顧孫子，暫時不要看盤，等 7 月份再來這裡找我即可。」看著權證每日無量飆漲，加上鍊德的強勢表態，心想陳董的投資團隊真是有夠狠，連讓證券商回補喘息的機會都沒有。

　　就這樣我們一共買了 1 萬多張的權證，已超過總發行量的一半以上，理當不該掃到那麼多貨才對，可能是證券商在偷偷倒貨又撿不回來的關係吧！這還不打緊，市場人士不但不認輸，還跑去券空鍊德股票，鍊德股價來到 188 元時，已有 1 萬多張的融券。這些融券戶難道不知道除權日在後面，融券務必要強迫回補，將上演軋空行情嗎？

　　6 月 10 日，鍊德無所畏懼被交易所警示，明目張膽地進攻履約價之上，來到 225 元，我接到陳董的指令，準備坐雲霄飛車。雖然權證已大賺 20 倍，但我們仍死抱著這隻金雞母不放，原因是鍊德股價只要站上履約價，未來每漲一根停板（約 15 元），權證大約就會大漲 10 元以上，相當於最初購買 1 元的 10 倍利潤！光是想到有如此暴利，當晚興奮地無法入睡，滿心期待明日開盤漲停鎖死的畫面，順便看看證券商老闆那張扭曲的撲克臉。

　　1999 年以來，認購權證在多頭市場中隨勢暴漲的特性，讓許多資本不高的散戶得以以小博大，追求超高報酬。許多散戶與證券商對賭行情，證券商所發行的權證仗著高勝率的基礎條件，屢戰屢勝，時常讓小散戶敗興而歸，就連我也曾經深受其害。不過，在 1999 年～ 2000 年台股呈現大多頭、快速奔向萬點期間，卻是各大證券商惡夢的開始，特別是沒有避險的證券商，只要股價衝破履約價，再進一步大漲時，就可能造成該證券商嚴重的損失，光是一檔鍊德權證，那一波大約就有 5 ～ 10 億元的虧損，逼使某些券商因此改名換老闆。雖然大盤攻佔萬點，成交量擴增許多，日平均量在 2000 億～ 3000 億是常見的事，但許多證券商獲利卻是縮水的，其中最大的原因是在權證市場認列了不少虧損。

　　如今，台股權證市場（含認售權證）有上千檔權證發行，投資人該怎麼操作才有機會賺取暴利呢？

◎華仔操作權證的 10 條守則 ......

1. 預期大盤短期有急漲 10%以上，再來選股操作權證。
2. 以買進認股權證為主，看空的認售權證價格較貴不要亂碰。
3. 僅用閒錢 10 萬以下來操作權證，分批進場，損失最多 10 萬。
4. 挑選看好的上派主流族群，例如電子股、金融股或營建股。
5. 挑選該標的證券之權證，例如台積電、國泰金或國建的權證。

6. 從一系列權證之中，挑選距到期日在 2～4 個月之間者為佳。

7. 再從第 6 點的標的中挑選波動率最低者為買入標的。

8. 在第 7 點的標的之中，選擇價外 10%～30％之間的權證。

9. 進場有獲利可逐漸將資金成本抽回來，僅留盈餘部分來抱波段。

10. 一週內尚未獲利，務必第一時間停損出場，不要猶豫不決。

以上方法可到證券商下載權證資料，再利用 Excel 軟體中的「排序」功能，即能篩選出便宜的權證。而想要在權證市場獲取暴利，除了要搞懂權證的基本交易規則之外，重點是要能準確判斷大盤以及個股方向，才得以從中獲取暴利。

$ 世紀軋空秀

身為金融預言師，這一生有任務在身，理當要挺身而出，為陷入投資困惑的人們化解危機，不然這輩子我還真不知能為社會盡什麼心力。「金融市場不可預測」僅是分析師投資失敗的藉口，人們不去認真研究，當然無法預測。

在股票帶量上攻的階段裡，我心中有些疑慮，當一檔股票一路加碼買進、一路飆漲上去，籌碼早已惜售了，為何量能還是一直被滾出來呢？於是向陳董請教。

「呵呵，那些量是我們自己做出來的，左手賣給右手。」

「是哦！那豈不是會損失交易手續費？」

「話是沒錯，但股價被我們推高了不少，賣在高點就有利可圖。」

「那你們怎麼把股價推高的？股票不是一路買，會越買越多嗎？」

「今日選一個戶頭買進 499 張，另外我們事先安排好的人頭帳戶掛高賣出 499 張，成交在高檔區，股價自然地就被推高了。持續這樣操作，價格就會越墊越高，但股票張數加總起來，對我們總體來說，還是跟原來一樣。」

「哇！原來如此。但這只有小型股才能這樣操作吧？」

「沒錯！若是股本太大、流通在外面的籌碼太多，我們是玩不起的。」

「可是，要怎樣才能在高檔區倒貨給市場散戶呢？」

「股價必須在高檔來回震盪，配合利多出貨。或者你的大盤趨勢判斷正確，以及 CDR 類股族群市場看好時，市場自然會幫我們抬轎。」

「如果這兩項因素我都看錯咧？」

「這就吃力了，我們的資金可能會被套住，得另外想辦法找出路。此時得跟市場有名的分析師與財金記者合作，散戶聽了他們的話自然會進來共襄盛舉，我們就有解套的機會。」

隔週休二日，股市週六有開盤，我永遠忘不了 7 月 3 日那一天。當時我正在台北迪化街陳董的操盤室裡，鍊德盤中來到歷史最高價 355 元，權證攻上 135 元附近，我們手中的鍊德權證在 100 元之上，已分批獲利了結，至於陳董團隊一缸子的 CDR 股票，把融券戶軋爆頭了，並讓他們回補在最高點。我親眼看到陳董一邊打電話，一邊指示現場幾位交易員，把原先在低檔區虛掛多筆 499 的大買單全部取消，轉掛每筆 299 張的中型賣單，從最高價 355 元一路倒貨下來。在這個零和遊戲中，有人大賺，自然有人大賠，我雖然從中賺到人生第一桶金，卻一點喜悅也沒有，慈悲之心油然而生，不知為何有種觸景傷情的感覺。

「陳董，為何買股票每筆要用 499 張來買，賣出則改為 299 張呢？」

「先前用 499 來買，技術軟體上的『主力庫存』會增加，傍晚分析師看到主力仍在掃貨，隔天一早會通知他的會員進

場幫我們抬轎。賣 299 則是每筆低於 300 張時，是不會影響主力庫存的增減，比較不容易被市場發現我們在出貨。」

「所以現在開始出貨了，但不想讓市場發現，免得貨出不掉，是嗎？」

「買股票很簡單，可是要全出在高檔區可是門學問，並非這一波就出得完的，但我們先賺到衍生性金融商品『權證』的價差比較重要。」

由於預期大盤高點到了，交易員聽從陳董指示，股票要提前下車，持續將 CDR 股票倒出來，期間只賣不買，一路市價追殺下來，從容不迫一邊上網下單，一邊打電話給營業員。在與陳董聊天同時，陳董接起政商界朋友打來的電話。

「陳董，今天有動作嗎？怎麼會這樣？」

「不要慌！只是漲多拉回修正，先把一些人洗出來，我正在接貨。」

「陳董，有壞消息嗎？怎麼跌那麼快？」

「你放心吧！利多快要見報了，我的貨比你多呢！」

「老陳，你在搞什麼？」

「別慌，我正在護盤，尾盤咱們聯手把它拉上去。」

在這場零和遊戲中，想要靠炒股發一筆橫財，就要六親不認，連枕邊人也不放過，既殘酷又無情。今生當一位金融操盤手，過程必須忍受恐懼、欺騙、辛酸以及孤獨，甚至連絕望的痛苦都得克服，而當本身的實力到達某一高度，自然能判斷對方實力有多少，進而趨吉避凶。

隔週一早，回基隆上課，走進證券商，阿婆看了我一眼，感受到她手中沒有鍊德權證了，便問她賣在多少價位？她說十幾塊就賣掉了，我覺得也不錯，賺了十倍是她心中獲利的極限。隨後，我被一群人團團圍住，各個爭先恐後問我還有哪一檔權證可買，他們也想利用小錢來投資致富。我早已準備好要回答他們的問題了：「本波大盤高點到了，目前已不適合作多，等年底再來觀察，下次我一定會把未來幾年的股市行情詳細規劃好，到時你們只要照著操作就行了。」說完，便一路走到基隆廟口，享受平時最喜愛的蝦仁羹、魯肉飯美食。

直到下次再來到這一間證券商，已是 7 年後的事，那時正是 2006 年《數位操盤》金融預言書上市的時刻。

$ 營建股全面漲停

　　每個人都想搭主力的便車，但是市場上籌碼有多少，主力都知道。如果只是買個幾張，不會介意有人來襄盛舉；但如果是想揩油吃豆腐，主力會想辦法把外來的勢力震出場。然而，我發現股票在底部區，將主流股全面拉漲停可以擾亂市場主力以及中實戶的投資心態，深怕錯過行情，忍不住強補股票。只要把大戶套住，股票即會持續漲不停，這就是神乎其技。

　　921 大地震，作空台指期貨又賺了一波，有誰知道半年前只有 5 萬塊、生活陷入絕境、瀕臨破產邊緣的人，如今資產已破仟萬呢？連自個兒也料想不到。為了讓我的預言留下完整足跡，造福更多人群，1999 年 11 月底首次來到 E-STOCK 發財網，當時最熱門的財金網站分析大盤。首先以看空為標題，直到 12 月 18 日大盤站上季線，且季線翻揚向上延伸時，才翻空為多。

　　20 多年來預言大盤重要轉折，以及操作超額利潤的權證、營建股全面漲停等出神入化的文章，至今仍可以在網路上查詢到。那種一上網發表言論，呼叫網友買進主流股，隨即成群結隊、全數攻上漲停板的神乎其技，實在令人難以忘懷。

　　那時候電子股走勢最為強勁，尤其是「威盛」這檔股王，

但我實在不敢叫網友追高，只見發財網管理員「維我獨尊」
（現今聚財網的老闆）在喊進作多，而我則是尋找平常擅長
操作的營建股來作多。此刻，陳董投資團隊熱愛 DRAM 股，
陳董謙虛地說，希望能借我的好財運，捧個場買個幾張。

「這樣好了，我幫你買 DRAM 股一張，你就幫我在營建
股裡買 100 張可否？」

「腳踏一星，能擁一千兵；腳踏七星為皇帝命。華仔，
你有幾顆星？」

正巧經絡按摩師發現我腳底中央有顆不起眼、黑黑的小
腫瘤，緊張地叫我要多注意身體，可能有某些病因在。然而，
眼前陳董似乎金庸武俠小說看太多了，我便故作鎮定回應他：
「我有一顆，不知可擁多少兵？」心裡想得是一顆腫瘤，暗
自偷笑著。

「真的嗎？我看看。」陳董真的把我的腳給翻開來看。
「好，那我另外準備一筆資金給你操作營建股，一億夠嗎？」

什麼！看到腫瘤立即給我一億元操盤？早知多腫幾顆。
我頓覺天旋地轉，只聽說基金操盤人操作過這麼多資金，自
己還真沒有底，但我不想錯過好機會，強忍住內心緊張的思
緒，表現出豪氣又輕鬆的模樣：

「沒問題,目前營建股量能很小,這一點資金就能操作了。」

「那就好,我請人把資金準備好,明天到位一切就拜託你了,你務必要按照計畫書操作,做完之後 20％的利潤分紅如何?」

我想都沒想就答應了,這真是天上掉下來的禮物啊!隨後,陳董果真給我一億元的資金操作營建股。

小時候常聽阿嬤說我有「偏財」加「橫財」命的特質,偏財是靠自己的錢來投資致富;橫財則是利用別人的錢來投資致富。當時我總是笑著對家人說:「天底下哪有這麼好康的事,錢會主動送上門來,那個人不是笨蛋就是被我下了迷幻藥。」此刻,終於收到人生第一筆橫財,但陳董並非笨蛋,而是對我有十足的信任感。也因此,我逐漸成為他們團隊中的控盤主力一員,負責操作塑化原物料、紡織加工絲以及營建資產股。

回家後,開心地跟母親訴說這些事:

「同學爸爸看到腳底板那顆腫瘤,立即給我一筆資金操作。」

「什麼腫瘤?」

「就是先前按摩師說我腳底板有個黑黑的腫瘤呀！陳董以為是腳踏一星為幸運福星之命，哇哈哈！」

「那是你出生時，被老天爺做為記號的，不止一顆，你再仔細看一下。」

腳上確實有灰塵般的黑點，於是沖水清洗乾淨，拿放大鏡來瞧瞧，確認是另一顆星，便上網查腳踏二星是什麼，「腳踏二星為乞丐之命」，好加在，年紀大的人有老花眼，不然陳董看到不知會有何反應？

爾後，我用一週的時間陸續買了好幾檔營建股，在低檔區整體營建股的量能都很小，所有營建類股票加起來每日成交大約在 3～5 億之間，只好分散在 10 檔股票，幾乎整個營建類股票都快被我掃光了。由於低檔區佈局差不多了，準備拉抬起漲，獨樂樂不如眾樂樂，便上網通知網友，營建股即將「全面漲停」的好消息，希望能帶領網友們一起致富。

兩週的時間很快地過去了，而我已面臨銀彈耗盡的臨界點，大盤足足上漲了 1000 點，營建類指數卻像一灘死水，一點動靜也沒有。此時，陳董投資團隊的 DRAM 股早已漲翻天，獲利也出掉一部分，令我倍感壓力。

「華仔，你的腳再給我看一下。」看見陳董拿放大鏡走了過來。

「最近腳受傷，得了香港腳，實在不方便。」我緊張地回答。

「沒關係，我也有香港腳的困擾，大家一起切磋琢磨吧！」

「麥啦！味道很濃郁，都流膿了。」

「你中間那顆是主星，旁邊應該有幾顆不起眼的小行星圍繞著，守護你的命脈。腳踏二星為該行業精英，前晚夢到你有兩顆星，可以幫我守財。」

「什麼？腳踏二星是？剛剛沒聽清楚，可否再說一次。」

「你若是腳踏二星，將來必是金融操盤界的首腦。」

聽完陳董這席話，立即抬高腳讓他品嚐。陳董笑呵呵對我說：「果然沒錯！每逢農曆年前，營建上市公司的老闆為了吸引客戶上門買房子，近期勢必會拉一波上來造勢，所以營建股的發動時間差不多快到了。」說完再丟給我 2 億的資金，指引我拉抬幾檔營建股試試，讓那些大股東以及知道有過年紅包行情的人，看到股價升國旗，逼他們忍不住進場追價。

我便試著拉了 3 檔營建股，當時營建股成交量很小，根

本沒人在玩，每檔花不到 1000 萬台幣，盤中就能上漲 6%，國旗幾乎升到頂端，準備要唱國歌了。隔 1、2 分鐘後，後面的螞蟻雄兵像急行軍似的，也幫忙推了另外幾檔營建股一把，讓我們省下不少銀彈。2000 年 1 月 5 日收盤後的下午，見到手裡一堆營建股終於漲上去了，心中緊張的思緒頓時放鬆許多。

會對營建股這麼有信心，是因為在 1999 年暑假結束前，在睡夢中感應到房屋一間間倒塌，當下還不當一回事，沒想到事後竟發生令全國痛心難過的 921 大地震。一位要好的國中同學剛舉家搬到台中，趕緊打給他，順便問候一下，是同學媽媽接的電話，媽媽聽到兒子的名字，放聲大哭說，房子倒了，被壓在下面，已離開人世了。921 大地震股市跳空崩盤，我在台指期貨放空賺了一筆橫財，特別南下去探望老朋友的一家人，當時我還年輕，若是直接拿一筆錢給他們，肯定不敢收下來，所以我想了兩全其美的理由，對著朋友的家人說：「你兒子之前在我這投資了一筆錢，合股操作股票，近年來有所獲利，這筆錢是他的股份與紅利。」

事隔沒多久，接近年底的時間，我又夢到營建股全面漲停的畫面，像一部連續劇般，每天漲不停，似乎間接要我注意營建股的發動時機。我不覺得那是日有所思、夜有所夢，畢竟在 1998 年亞洲金融風暴後，營建股一直都是跌跌不休的，有誰會聯想到全面大漲呢？

　　時間來到 2000 年 1 月 6 日的主戰場，一早開盤營建股氣勢如虹，漲勢一發不可收拾，已突破底部盤整區間的高點。我跟陳董招呼一聲後，便將剩餘資金用市價敲進，加碼十餘檔營建股的股票，才一會兒功夫，全數攻上漲停板，並帶動市場散戶、中實戶一起進來共襄盛舉。

　　收盤後，陳董帶我來到他們家的神堂前面泡茶聊天，我凝望了供桌上的神明，發現陳董是拜母娘的，女性的神明逐漸勾起我心中的疑惑，因為在夢裡的聲音大都是女性，那時只想到觀音和媽祖，萬萬沒想到跟母娘有關！於是，我試著透露出平常有特殊的感應，聽聽陳董會有什麼寶貴意見供我參考，畢竟陳董已經熟悉我的命盤了，應該不會被我嚇到才對。

　　「那我跟瑤池金母（母娘）有緣嗎？我們家從未拜過瑤池金母耶！」

　　「當然有緣，不然你現在怎麼會在這裡？操作股票我比你老練許多，為什麼會聽你的分析來操作呢？這都是因為你有神助的無形力量在背後推波助瀾，助長你的好氣勢，因此對於未來盤勢看法會比較準確，只是你現在還不知道如何運用。先前母娘給我連續 3 個聖筊，才會聽信你的大盤分析。」

　　聽完陳董這一席話，我已聯想到神通、靈通之類的神助力量。其實私底下早已運用過好幾次了，只不過每次用完，

感覺全身無力猛打哈欠，累得想閉上眼睛睡覺。事後發覺那不是在睡覺，而是為了讓我迅速進入冥想情境，隔天醒來皮膚變得白裡透光，外表看起來比同年紀的同學年輕許多。雖然在權證市場抓時間轉折非常神準，但我不知有無後遺症，還是時時刻刻警惕自己盡量少用為妙。

「那我最近幾次作的夢，應該跟母娘有關係囉？」

「不無可能，你跟佛教的觀音以及道教的母娘都滿有緣分的，所以你一出生就擁有佛教的慈悲心以及道教的智慧，等賺錢後，日後準備佛道雙修。」

「我有慈悲心？難怪看到散戶放空鍊德賠錢，當時心裡替他們難過。但我喜愛吃肉，要我修行吃素很難哦！」

「呵呵！不吃素也能修行。修行以『修心』為重，心念清淨，不一定要素食。素食戒殺生，長養慈悲心，其意甚善，但對修行助益有限，一位吃素的修行人若沒有『良心』，吃再多素也沒有用。所以重點在修心養性、戒惡從善，進而消災無病增福。對你的修行來說，只要把你的特殊靈感寫成一本股市預言書，讓窮人躲過股災，並從中翻身，就算是最好的修行成果了。」

「哈哈！出書？別說同學會笑我了，連我自己也覺得不可能。」

「從命盤上來看，在 2009 年你會功成名就，應該在那之前會出書或浮上檯面，不然你的名氣哪來的？寫書對你會有助力，可以造福大眾，算是最好的選擇，時間到了，祂們自然會助你起筆的。」

「出金融預言書？我現在頂多看到未來一年的走勢，要如何寫成一本書呢？祂們是指母娘跟觀音嗎？」

「出一本股市預言書需要各行各業的專業，光靠兩位高靈還不夠，背後必有更多高靈來幫你完成。屆時很多錢在你身邊胡亂飛舞，你明明知道未來行情會怎麼走，卻未必能從中獲利，這要看你有沒有福氣得到它了。」

「怎樣才算有福氣？命盤裡不是說我很有福氣？」

「先天的福氣是有，若只顧著自己享受，不再累積福報的話，福分總有一天會耗盡，屆時你跟一般的股市分析師就沒什麼兩樣，而不是造福股海大眾的金融預言師了。但依你的個性應該會很樂意跟人們分享才對，不然何德何能會有天恩眷顧呢？」

「那麼，我報股市明牌，讓投資人從中得利，可以累積福報嗎？」

「這有好有壞，萬一害人賠錢，不但會折損福報，還有

無形的業障產生。不過這正巧是你的神聖使命，所以你務必選在最有把握的時機出手，去跟福報與業障賭一把。大多數人僅能『共患難』，一旦有錢就躲起來享受，不能『共富貴』；而你卻是可以與人共享富貴，所以命盤裡才能享有『偏財』的機運。」

一般人都會說：「知道篤定的行情，低調一點偷偷賺就好了，幹嘛報明牌讓人們賺錢？財運都被外人捲走了，自己能得到什麼呢？」而此時我終於聽到不同的見解，陳董的磁場似乎跟我相同，雖然有形的物質會被外人平分去，自己可能失去了一些籌碼，但是卻能得到無形的福報，累積到未來世，這不正是我自樂此、不為疲也的事嗎？

經過幾次與陳董深度交談之後，我發現陳董逐漸有了通靈的本領，而且功力進步神速，不像一般人至少要修煉 10 年以上才能有所頓悟，這可能是母娘想透過他來跟我說一些話吧！任何通靈人，固然各有不同領域、不同高低層級的異能，一旦牽涉到「過去、現在、未來」等問題，就有一定的侷限性，這個範圍只能以現在、先前已發生的事件發揮，能夠開啟歷史資料，在舊檔裡尋找答案是所有通靈人的基本能力，差別只在開啟檔案的多寡而已，但對往後的預言說法也不是很準確，畢竟通靈人只看得到過去到現在的事件，或者頂多只能預測某些人事物近期內的趨勢概梗，從未有通靈人能夠透視未來。中國歷代通俗上對於「得道高僧」的定義，就是

能知過去未來，範圍比通靈人更為廣闊，因為具備「先天性神通」能力，前幾輩子已陸續有所修練了，經由轉世投胎，一出生自然有某些特殊能力。但預言未來事件不可能百分百準確，這要看擁有神通能力者的功力有多高，現今世上擁有天眼通的大師僅能預知人與事，尚未有預知金融行情的神通者，而我可能是其中之一。

每個人都不是完美的，我雖然天生有神通以及靈通體質，可以透過無形的天線跟老天爺對話，但線路總是模糊不清，清醒時比較緊張，磁場相較混亂，無法得到充分感應，得靠睡夢中全身放鬆，藉由夢境的故事情節，才能接收到詳細的訊息。然而，陳董的通靈能力卻可幫我解決這一困擾，高靈想跟我表達些什麼？問陳董便能略知一二。但陳董畢竟不是專業的通靈人，無法靠附身讓高靈直接跟我對談，他是在清醒的情況下得到的感應，再把細節轉答給我，算是半人半仙的通靈人。我想老天爺沒給我通靈的本領，其中一定有原因，如果我有通靈能力，凡事問神就能解決了，自個兒會變得沒有主見，什麼事都不用想，到頭來可能什麼也學不會，更別談專業的股市操盤能力了。而神通卻對我的專業能力有所助益，利用天眼通讓我的投資視野變得更寬廣，在分析圖表時，可看到別人看不到的角度；利用他心通可聯想到市場主力群的投資策略，趁早一步佈局主流股以及避開地雷股。最後利用靈通跟高靈來做最後的確認，把我的操盤規劃以及主流股買賣點對著空中大聲唸出來，倘若與祂們的看法相

同，我將會得到一陣陣令人亢奮的氣息，此時便是上網開主題文章的時機；倘若有些差異，身體也會有不舒服的微妙變化，則是暗示我小心操作，不宜大單敲進。

時間來到農曆過年前封關日，營建股像一匹奔馳中的黑馬，快馬加鞭一路大漲小回，擺脫原先落後的態勢，並加速補漲回來。整體營建類股日交易量已暴增至 50 億，當初一共花了 3 億買營建類股票，以為可以在市場上呼風喚雨，現在看來真是小巫見大巫。於是我們將所有營建股獲利出清，丟在市場上的籌碼一下就被掃得一乾二淨，賺了 40％的紅包行情。

「我幾位營建上市公司朋友，近期才大舉進場加碼買營建資產股，你這麼快就要出了嗎？」

「我擁千軍，帶領大部隊軍馬，得趁量能出來時，趁早把貨倒出去，不然網路上看我文章的網友可能來不及跑。」

陳董認為還有高點，但尊重我的操作策略，其實我是得到感應要早點賣股票，這樣網友才能賣在高檔區。我們一邊出脫一邊上網通知網友們出場，但好像真的賣太早了，貨全倒給市場上的大戶以及建商老闆，迫使他們不得不再拉一波行情為自己解套。眼看著網友們也跟著獲利了結，甚至賣得比我們還高，心中滿是幸福感。那一波營建股的操作令我反

敗為勝，類股指數大漲了90%，漲幅在大盤所有股票中居冠，只可惜當時沒有認股權證可買，不然又是十倍數的暴利。此刻的我，營建股獲利豐收，抱著滿手現金，對於許多人來說是可遇而不可求的。當我們把股票獲利出場，隨後一路漲不停，不是自己倒楣，而是我們把股票套給主力了，由於籌碼集中在特定人士手上，主力為了解套，會想辦法再拉另一波行情套給其他人，此時我們只要在一旁看戲，千萬別傻傻地追高買回來。這個市場每個人都想搭順風車，只有套牢的人才會被迫當主力。

$ 分析師與預言師

分析師能迎合大眾的需求，為過去種種講得頭頭是道；預言師卻是世上最神秘的人種，必須克服寂寞以及眾人的冷眼相看，越孤獨的預言師，預測未來將會更趨於精準。這是金融預言書上市之後，沒有辦簽書會的原因之一，當準確預測 2008 年股市大崩盤，也不急於上電視亮相。為求達到神乎其技的境界，必須拋棄名與利，關於這一點只有正牌預言師才做得到。

在心理學中，預言師基本上算是分析師的一種。股市分析師時常誤判行情，仍可留在螢光幕上發表言論，因為分析師會說：「我們不是神，未來本來就無法預測。」而市場上給預言師的標準就高了許多，正統的預言師背後往往有高靈

相助，分析行情本來就會比一般人準確許多，一旦行情有些小誤差，很容易被認定是個名副其實的騙子。其實預言師也是人，僅是心思細膩可以跳躍式想到未來即將發生的事件，並不需多餘理由來分析中間的因果關係，但本身也要有紮實的根基，懂得從現實中收集龐大數據來假設，經由排列組合，加上獨特的分析技巧，進一步得到高靈們的加持，最後的答案才是「預言師」所要公告於世的事情。

倘若僅憑自己的分析「能力」，勝算大約只有四成，只能算是一般的股市分析師，還不配當預言師；若能藉由高靈們的加持，持續吸收到好的磁場，讓預言師的「運氣」持續好轉，則可提高三成的預測勝算。最後三成則是要靠累積「福報」來維持，這可從平常幫助人們投資獲利以及避開風險中得到，如果三者都能兼顧，預測未來行情的精準度就會接近百分之百，這也是我在網路上預言大盤走勢準確率高的主要原因。20 多年來的網路理財寫作，已經留下不少足跡，有了這一套百發百中的預測系統，每當靈感來敲門，便會興奮地發表主題文章，寫一篇通往未來的致富密碼，提供給網友參考，讓人們從中獲取利潤，並且避開即將到來的風險。

2000 年過年後，我們一直抱著滿手現金，也沒有想到要去放空台指期貨，所以大盤從萬點一路滑落到總統大選前，那一波 2000 點的殺盤，我們沒賺到也沒受到任何傷害。就在首次政黨輪替的政治風暴中，選後跳空暴跌的開低走高，我

帶領網友進場買進「明電」權證,當天立即上漲六成,為所有權證漲幅之冠,當時收視率最高的非凡財金台,見識到權證暴漲的特性,首次請來賓一起討論權證市場。

雖然僅一個交易日就上漲六成,但我自個兒已不再操作權證了,只介紹大學同學以及網友們進場,原因是成交量太小了,若沒有像鍊德權證那一波的大行情,便無法誘惑到我。因為權證僅適合 10 萬元以下的小散戶操作,以短進短出的方式為主,該檔權證開盤即是最低價 1.2 元,收盤來到最高價 1.9 元,總成交量不到 1 千張。我雖然沒賺到,但看著其他人開始在權證交易中以小致富,又悄悄勾起我多年前在權證市場征戰的心路旅程。就這樣大盤再度攻上萬點,我一路空手,一邊分析大盤給網友們參考,直到 4 月 11 日才告知放空台指期貨的時機點,接下來多次大盤轉折依序命中,日後在網路上經營的門派會員人數自然也就與日俱增。

隨後大盤跌破 8000 點,又開始手癢搶了反彈,時間波段轉折指標明明告訴我盤勢已進入熊市,不能亂搶反彈作多,自己卻忍不住股價跌深的誘惑而進場,再次犯下過去買台聚套牢的錯誤。

◉牛市與熊市行情的波動攻勢

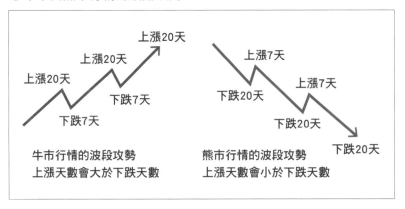

上漲20天
上漲20天
上漲20天
下跌7天
下跌7天

牛市行情的波段攻勢
上漲天數會大於下跌天數

上漲7天
上漲7天
下跌20天
下跌20天
下跌20天

熊市行情的波段攻勢
上漲天數會小於下跌天數

◉時間波段轉折指標

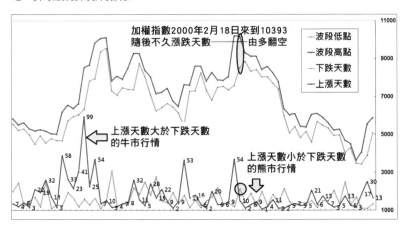

加權指數2000年2月18日來到10393
隨後不久漲跌天數 由多翻空

波段低點
波段高點
下跌天數
上漲天數

上漲天數大於下跌天數
的牛市行情

上漲天數小於下跌天數
的熊市行情

　　此「時間波段轉折指標」是以大盤指數收盤價為計算方式，當上漲超過4%代表先前低點是波段低點；而下跌超過3.7%時，代表先前高點為波段高點，然後把每個波段上漲以及下跌的天數依序整理出來，即能知悉整體大盤趨勢處在多

頭或者是空頭架構。

當 2000 年 4 月 13 日大盤跌破 9700 點，收盤跌幅超過 3.7%，波段指標已逐一形成，表明了大盤上漲天數開始小於前一波段的下跌天數，亦即先前的牛市行情被扭轉為熊市行情，另一波空頭市場可能就此展開。起初萬點下來帶領網友放空賺了不少，直到大盤跌破 8000 點，手癢忍不住進場搶了反彈，不過這次心中已有戒心，僅用一成資金搶短操作。至於陳董身旁另外幾位操盤手，由於在過去一年海撈了一票，膽子變大了，他們把先前高檔賣掉的 DRAM 股從低檔區再度撿回來，運用了高槓桿的融資操作，並買了幾檔 DRAM 股的權證，以為可以呼風喚雨。此時我發現不太對勁，於是私底下找陳董商量：

「我雖然作多，但盤勢已不看好，不會再加碼股票了。那些操盤人用融資買滿股票，最好要懂得停損，若是大盤持續修正至年底，後面可能無法收拾。」

「好的，我會請他們留意點，一有反彈就先出場。」

「上次他們操作權證不是被證券商坑殺，而是不懂權證的交易規則，仗著錢多胡亂追高佈局，這次又犯同樣的錯誤，目前權證波動率太高（太貴），若我是該檔權證的證券商，會選擇把貨倒出去。」

在多頭市場的末端，連擦鞋的也知道要買股票來累積財富，此時人人自稱是股市操盤高手，簡直是「脫褲子打老虎」，既不要臉又不要命。如今，股票價格已經遠遠高於實際價值所能支撐的高位，當下狂熱的市場中，審慎的態度備受嘲笑，追逐風險的行為則受到鼓勵和讚賞。當空頭市場逐漸成形，海水退潮了，到底誰在裸泳抓鯊魚便能看得一清二楚。

然而陳董背後一缸子操盤人都是優秀的高材生，尚未遇過大空頭市場，有種死多頭、死不認輸的心理素質。我雖然體驗過 1990 年股市大崩盤的慘烈情勢，論投資經驗算是老練許多，但論輩份在高材生操盤人眼中只能算是個小學生，早已被列為眼中釘，就算把嘴說乾了也沒人願意聽。我發現高材生有幾個特點，他們從小一路得第一，較追求個人卓越，缺乏團隊合作精神。每個人追求功利、自我成長無可厚非，但一個工作團隊裡，若全是才智優異超眾的人才，互補性不強就容易產生漏洞，當大多數人心思都一樣的時候，該團隊的缺陷會漸漸浮現，總有一天會出大事。

股市操盤是一面照妖鏡，會放大自己原有的人性弱點，並直接以支付金錢的方式做為代價。高材生操盤人記憶力超強，非常會讀書，偏向於書面資料的文字思考，首重基本面分析，優點是可以在多頭市場為團隊篩選出好股票，例如2000 年前他們較看好高科技股，以 CDR、DRAM、IC 設計

股為主，當時為陳董帶來豐碩的利潤。缺點則是在空頭市場時，對大盤的敏銳度不足，仗著對個股的敏銳度強、選股不選市的心態，只看到眼前的績優股，卻忽略大盤背後還有向下大幅修正的空間，即使買到最穩健的股票，最後也會因為盤勢不佳而被拖下水。至今未曾有基本面分析者躲過大空頭市場，就連股神巴菲特也不例外，差別在巴菲特口袋夠深，可以往下持續攤平，一般投資人沒錢攤平，最後只好躺平。從歷史走勢來統計，大盤每隔 5 ～ 8 年便會有一波大空頭的修正，每次遇到這樣的循環，就會給基本分析以及價值投資者一次震撼教育，此時專業技術分析者的存在將會顯得更有價值，因為唯有技術分析能帶領人們避開空頭市場。也因此，技術分析與基本分析是互補的操盤工具，缺一不可。

世界上沒有不散的筵席，股市沒有永恆的上漲，也沒有永恆的下跌。每次遇到大空頭市場，必會讓無數散戶與機構法人虧損累累，這已成了股市定律。2000 年首次政黨輪替，大家忙著逃命，沒有人會關心你我的死活，當大盤跌破 6000 點，所有人都慌了，主力慌了，政府基金也慌了！國安基金買了大量台指多單，刻意在台指結算前停止進場，掩護國內銀行、法人以及政黨資金出貨，假外資並以迅雷不及掩耳的速度，狠狠地壓低結算，從中套取利益，使得國安基金的期指多單由盈轉虧，官員們各個三緘其口，並不急於查明是誰跟政府基金對作，事件就這樣不了了之。

　　果然行情很快地急殺至 5000 點，多數營建大股東以及跟陳董熟識的建商老闆，他們質押的股票被斷頭出場，紛紛希望能跟陳董調頭寸來護盤手中的營建股，免於被銀行抽銀根，但陳董一部分的資金套在 DRAM 股，只剩我這邊有些現金，陳董刻意瞧了我一眼，我擺出一張撲克臉、輕輕地搖了頭，一向心軟的陳董鐵了心，婉拒建商老闆，這讓我跟某幾間營建上市老闆從此結下不解之緣。沒想到隔沒幾天，營建股整排一路跳空跌停鎖死，陳董也不好過，DRAM 股隨後也展開斷頭賣壓，一路跌停賣不出去，先前的業內市場主力軍，在這一波下殺已經消失殆盡。外資法人狂賣電子半導體股，將台幣瘋狂匯出，亞洲金融市場形成股、匯市雙殺的慘烈局面。我自個兒手癢搶反彈也賠了好幾百萬，但僅佔總資金不到 5%的比例，相比持股滿檔、一路套下來的人，可說是毫髮未傷。

　　複利的金融遊戲就像一種神奇的魔法，它可令人致富，也可使人露出尾巴，快速打回原形，我們必須將眼光放遠，才能有效運用它的力量，唯有經過長時間的賽局，才能實現誘人的目標。在投資過程中，我們必須不斷進行再投資的紀律，而且要抗拒短期過度投機、高槓桿以及高報酬的誘惑，可惜的是，多數人都很短視，眼前只有高利潤，卻忽略背後隱藏的高風險，因此才會成為股市泡沫化的犧牲品。只有在這個時候，失敗者才會想起 1990 年金融危機發生時所得到的教訓——不要貪婪，也不要進行短期投機！但人們總是為自

己的健忘而感到驚訝，此時也已於事無補。當恐慌重新降臨市場之際，像極了一場突發性氣爆，引起野火在市場中迅速蔓延，把人們從原本的美夢中給驚醒過來，歷時若干年積累的財富，也在這場大火中化為灰燼。

但我已提前做好準備，早在 1990 年的股災之後，我始終警惕自己，不該再犯同樣的錯誤。許多災難都是可以事先防範，而不是隨機發生的，如果我們是一位對自己財富負責任的投資者，那麼至少停下腳步，想想自己當初的樂觀是否建立在堅實的基礎上，還是建立在隨俗浮沉的流水中。在激烈的股市裡，首先要學會的是不輸，保障資金的安全後，再去想盈利。先求生存，後求發展，其關鍵之處是如何消滅自己本性的弱點直至零。投資比的是誰生存得更久，誰能持續笑到最後，並非某時某刻的大喜大悲。心態上過於急躁、手癢難耐以及忍不住進場操作，都是人性的大暴露，也是某種潛意識的體現，幕後黑手就是利用眾多投資散戶之弱點而取勝的。

2000 年 10 月 19 日，大盤來到 5074 點，旺宏的權證從先前的 70 元快速跌到 2 元，該檔權證接近價內尚有履約價值，在即將到期的情況下，未來幾天權證價格波動必定會很大，不是大漲噴出，就是跌到 0.05 元變成壁紙。我突然有種莫名的靈感，認為大盤會有 V 型反彈的機會，致使許多電子類股有連續急漲 5 支停板的機率，於是便上網留言旺宏的權證到

期前將有 500% 的利潤。許多我的忠實網友看了文章毫不猶豫立即跟進，我自個兒也花了 20 多萬買了 100 張，一週後權證果然來到 12 元，輕鬆獲利 100 萬出場。本波利用小錢投資就能彌補先前投資股票的一些虧損，幸運之神始終眷顧，此時心中又是滿滿的幸福感。

對股市如癡如醉的研究，已成了每天的工作。股市像極了一個天堂，同時又像一個地獄，更像是一場老千賭局，這是我對股市的初步理解。股市裡有漲真的以及漲假的股票，人們各取所需，稍不留神便會成為大股東坑殺的對象。在股市從大破財到大爆發的歲月裡，短短一年中的情勢扭轉讓我大開眼界，我終於知道股市迷人之處在哪裡了，是給喜歡冒險犯難的人，追求預料不到的意外之財，因為人們有可能在一年內成就巨額財富，這種誘惑力太大了。不同於六合彩，買彩券的希望實在太渺茫了，但我們卻可以憑自己的智慧在股票市場做出成績來，比上班族死板板的工作更加刺激，更能體現一種成就感。不過，我對股市的認識還不夠多，除了持續加強實戰經驗之外，應該再多讀一些經典的財金書。

學生時期研究不少華爾街名人成功與失敗的經歷，教授在上面授課，我則在下面拿 PDA 看盤，用筆電寫股市週期循環程式，用自創的技術指標來研究大盤走勢，根本無心上課，同學們都知道我得了股癌。就在大學畢業前夕的課堂上，有位同學用帶點玩笑又刺耳的語氣跟我說：「你這個賭徒，畢

業後可別打電話來借錢，我可沒空接你的電話。」其實，人
生何嘗不是一個賭局呢？我們還在母體中就被當成賭注是男
還是女，讀好學校是為了賭一個美好的前程，即使交朋友也
是在賭對方是否誠心。而此刻我賭上自己的專業能力，既然
我對未來金融方向有特殊的靈敏度，如果我不靠金融操盤來
累積財富，那我還能靠什麼？想到此，我只能持續孤獨地往
前走。

　　股票操作畢竟是一門很專業的投資行為，一旦抓住投資
要領，長期而言確實可以幫助我們穩定獲利的。因此我把
E-STOCK 發財網的簽名檔改成，「信華仔得 Money」，意
指只要有人相信華仔，華仔將引導他投資致富，絕不食言。
這是 2000 年在板橋媽祖廟的三官大帝面前所許下的「發財
致富神咒」，賜福的天官大帝給了我一個聖筊，間接默許我
這麼做。

　　大學畢業後，陸續有大學同學、學弟妹問我有關基金投
資、未上市股票以及權證的相關問題，可能是最近工作出現
了瓶頸，進入職場後，發現錢並不如想像中那麼好賺，才想
藉由理財來累積財富吧！更有網路上不熟識的網友主動來找
我合夥投資，我隱約感覺到阿嬤生前交代的話已逐一成形。
阿嬤曾經對我說：「等你長大一點，全世界的錢將飛過來找
你，屆時切記把錢分散到不同籃子裡。」當時我只單獨研究
台灣股票市場，資金全放在加權指數，還弄不清楚國際黃金、

外匯、債券市場以及美股動向，我想該是到書店去尋寶的時候了。

2000 年底，空頭市場的下殺似乎已告一段落，當甘氏的書再次進入我的視野，書中提及十年循環是個重要參考的時間系數，這時才聯想到已經錯過了本波空頭市場。記得曾經夢到十年循環的聲音在耳邊告誡著，但忘了是哪一天，於是趕緊翻閱一下日記本，在夢境一欄找到相關詞句，日期是 2000 年 7 月 17 日的早晨，一位中氣十足的中年男子聲音，在腦海裡對我唸著：「注意十年循環。」然後我就醒過來了。回想當時我的股票正套牢中，並沒有多餘的精力體會十年循環到底是什麼意思，僅提醒自己買股票不要太衝動，萬萬沒想到那是來告訴我，十年難得一次的股災將就此展開。如同十年前的 1990 年，因台股大崩盤，母親的股票慘遭套牢而憂傷，十年後歷史將重新上演。倘若我能早一步搞懂十年循環的真實意義，藉由陳董的龐大資金，全力放空台指期貨，或許現在的身價已非同凡響、富可敵國了。明明前一年把十年週期循環的圖表整理好，在學弟妹面前說過「台股上萬點就會崩盤」的誇張言論，自個兒卻忘得一乾二淨，此時我也只能猛捶心肝。為了不再重蹈覆轍，我開始把未來大盤重大轉折點集中寫在另一本日記裡，供日後提醒自己。

如圖所示，把所有金融指數每隔十年的資料依序排列整齊。如果未來同一時期匯集在某一個轉折點，隨後產生同樣

的趨勢型態，即是代表未來可能的走勢。但行情時常會產生時間誤差，例如每隔十年會誤差 1 個月的等差級數，有時會誤差 9 個月，則代表十年又 9 個月的循環，接近太陽黑子的循環週期。至於要如何取捨，尚得配合各種金融指數輔助，才能精準預測未來。國際股市、黃金、匯率、輕原油、債券以及農產品，彼此都有些連動關係，倘若我們只研究單一市場，終將陷自己於不利，很有可能因此錯判情勢。因此，每當我在網路上發表文章，並非只是研究大盤而已，包括國際股、匯市等等也要一併深入剖析，彼此可以支援大盤上漲或下跌的看法，才有信心下筆。

🔘 找尋相同匯集點預測未來

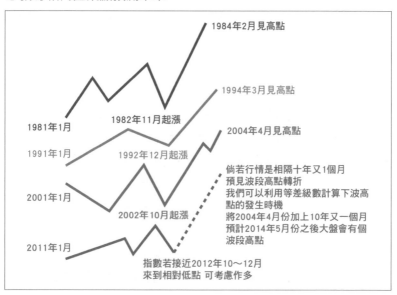

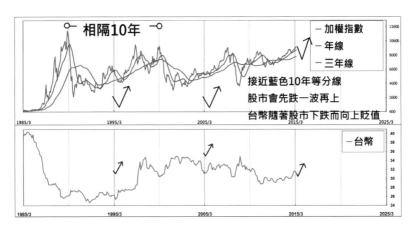

⚫加權指數十年週期性循環，2015 年 5 月出版的《華爾街預言師》限量版，第 92 頁預測圖表。

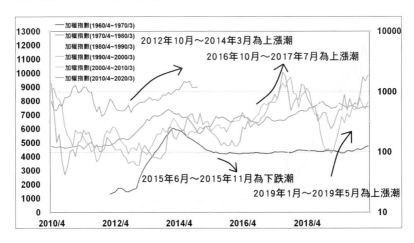

　　價格週期與時間週期是金融市場固有的屬性，股票有漲有跌，周而復始從不間斷。價格的變化如同物理原理，此時時間是頻率，價格是波幅，成交量則是動能，三者缺一不可，

時間週期以恆定不變的均速在行進著，價格隨著量能的滾動以變速運動在擺動著。如果我們不曉得價格週期、時間週期以及量能週期的存在，就很難理解為什麼有的地方會快速上漲或快速下跌，有的地方卻盤局許久。一旦懂了三者之間的相互作用，分析週期性循環圖表就會變得很好解釋，屆時我們將能預測未來頂部或者底部出現的大概位置。

　　然而市場上有許多人誤解週期性循環的真實意義，認為既然是循環，就是以 360 度圓形，年復一年的循序漸進在移動著，今日的走勢跟昨天相似，今年的走勢又跟去年一樣。倘若真是如此，每個人都會預測行情了，市場上將沒有輸家，只有笨蛋。其實股價循環並非像地球自轉般 360 度旋繞，許多時候是以公轉方式、接近「橢圓形」的型態在旋繞著，波幅不大的圓弧代表股價的盤整階段，此時區間小，運用週期循環來預期行情容易失真不準；波幅較大的圓弧區域則代表急漲與急跌階段，所以多數時間行情時常會出現盤整。然而每過一階段，週期就會變形，進而失真使預測不準，其週期變形的時期，也要歸納為週期循環的範疇，弄清楚才能駕馭它。在波浪理論中，當搞不清楚這是什麼波浪結構時，將其列為 X 波亦是同樣的道理。這種情況時常發生在量能低迷的盤整階段，因為此時市場主力可以在價格上動手腳，致使非理性的上漲與下跌，也是最難操作的階段。反之，只要量能一放大，市場活躍時，行情就不是一般主力能操控的，此時利用各式方法來分析行情可提高準確度，特別是週期循環能

精準預測即將到來的底部與頭部轉折點。

當價格週期落後於時間週期，價格會以快漲或快跌追趕時間週期；當價格週期超前於時間週期，價格會以盤整等待時間週期追趕上，這就是價格與時間彼此的秘密。這種情況時常發生在落後補漲股上面，就像 2000 年初我操作營建股時，起初落後於大盤漲勢，隨後營建股快速補漲回來，反倒成為漲幅居冠的類股。

多年後，當我再次熟讀甘氏以及艾略特的書，我終於知道今後的路該怎麼走了。在還未大量閱讀財金書之前，原以為世上只有我這怪咖才想得出這些有趣的數字遊戲，其實早在 100 年前已被集結成冊，而且論述非常完整。我發覺除了閱讀還不夠，應該有系統的整合起來，將書本裡的技術寫在 Excel 軟體裡，並繪製成圖表，即可增強記憶能力，於是我把全球金融指數的十年循環畫在電腦上，相互比對。一旦運用電腦軟體來輔助閱讀習慣，我幾乎很快就抓住書中的意境與精髓，許多之前看不懂的地方，突然間一一開竅了。此刻對未來的行情規劃，從原本一年的能見度，逐漸延伸至十年之遠。然而我發現，股市比較符合十年週期循環，特別是金融及傳產股，至於黃金、匯市、石油、農產品、債券、利率……等，都有各別的循環參數。經過不斷地演練，直到掌握了祕訣，爾後才有辦法在 2006 年寫出《數位操盤》的金融預言書。

同時期開始研究台灣房地產走勢，以月球影響地球降雨量 18 年循環為基礎，參考 2007 年出版的《專業操盤人的致富密碼》，57 頁～ 61 頁以及 66 頁～ 68 頁。當降雨量大時，人們總是需要避雨的住處，於是那幾年的房地產交易量會非常活躍，隨後價格容易遇見歷史性高點轉折；反之，在雨水少的期間易引起病毒傳染性疾病，屆時房地產容易跌到谷底，房價也將遇見歷史性低點轉折。而此時在 2003 年低雨量的季節循環裡，正巧爆發了 SARS。

1985 年為台灣房地產低點反轉向上噴出的時機點，將 1985 加上 18（降雨量 18 年循環），大約 2003 年是另一波絕佳買點。若再配合台灣人口結構，嬰兒潮的子女平均出生在 1977 年，跟我的年紀相當，他們將在 26 歲以後遇到首次購屋的抉擇，在投資心理學上，人潮即等於錢潮的角度來試算房地產走勢，1977 加上 26 也是交會在 2003 年。從降雨量 18 年循環與人口紅利結構，兩者統計產生共振效應，間接告訴我們台灣房地產即將見低反轉，讓我對房地產投資產生莫大的信心。因為 1977 年出生的「嬰兒潮子女」，在 26 歲（2003 年）起會開始想要買房子來置產，26 歲買不起，也會在 36 ～ 40 歲的 2013 ～ 2017 年有另一個購屋、換屋高峰期，在人潮一擁而上的情況下，勢必導致房地產漲得無法無天。

未來要判斷房地產走下坡的主因，我們可從 1991 年出生的人口紅利低潮起始點算起，他們所經過的歲數都將引發當

時各種經濟的重大危機。如接近 1991 年出生的人，大約會在
26 歲以後的 2017 年開始首購房子，由於這個年齡層往後出
生的人數將急遽下降，以致買房的人數每況愈下。從台灣人
口結構中可看到兩段式的嬰兒潮，第一為接近 1955 年戰後出
生的嬰兒潮，第二為戰後嬰兒潮的子女，平均出生在 1977 年
左右。由於醫學的發達，人類壽命開始延長，接近 1955 年出
生的嬰兒潮活到 60 歲紛紛選擇「退而不休」，間接把年輕族
群許多好的工作機會給排擠掉，以致接近 1991 年以後出生的
人，工作不太好找。在年輕族群高失業率以及低薪的環境下，
手頭一向比較吃緊，並沒有足夠的錢投資房地產，將是導致
未來房地產長期低迷不振的主要原因。

📈 1984 年度台灣人口結構

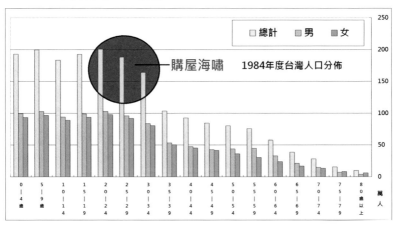

1985 ～ 1990 年是台灣房地產主升段行情爆發的年代，

房地產足足大漲了 10 ～ 15 倍，當時購屋年齡集中在 31 ～ 35
歲。投資人若能從 1984 年人口結構的角度來分析，洞悉身後
30 歲以下即將迎面而來的「購屋海嘯」，應該就不會錯失良
機了吧！

📈 2014 年度台灣人口結構

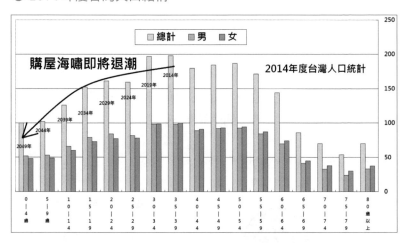

上圖的人口統計圖表在 2003 年就可被換算出來，以致在
2006 年出版的《數位操盤》以及 2007 年出版的《專業操盤
人的致富密碼》中，都表明了 2014 年將是台灣房地產見高反
轉的時機點，因為人們想買房的心理最高來到 40 歲就會開始
下降了。圖表中，人群來到接近 40 歲的階段，在 2014 年剛
好是人潮最多的一群，此時該買的人早就進場買好了，人人
強迫自己必須擁有一戶房子，因此這裡很有可能是歷史上台
灣房地產的最高點。隨後 39 歲以下的人潮可清楚看出有「急

遽下降」的現象，購屋海嘯面臨退潮的處境，代表房地產未來只會跌不容易漲。

100年是個重要的循環週期，百年難得一見的大瘟疫即將發生，百年難得一見的大地震也快要出現，百年來的世界大戰正蠢蠢欲動，將導致未來房地產變得一文不值，即使有錢也要有命住才行。在無政府的狀況下，許多歷史資料終被消滅，屆時買房子根本不需要花錢，只要拿一條繩子把地圈起來，代表這塊地是屬於自己的，等逐漸有政府官員前來收取稅金時，千萬別為了一點稅金，傻傻地把土地拋棄，只要乖乖繳稅即能成為名符其實的大地主。在沒有發生戰亂的地方，也會因少子化的關係，變得地廣人稀，到時租房子會非常便宜。如果房東是獨居老人，等房東壽終正寢，房客即是日後的屋主，只要彼此相處融洽，房屋唾手可得。而在那時候的致富密碼是請家人來顧守農田及土地，別讓外人侵占，因此現階段多生小孩反而是最有利的。

因全球少子化的關係，買房子的人會愈來愈少，未來買房會像買新車或者家電一樣，用久了必定會折舊而減損價值，加上平常的保養、人事管理以及租稅等花費，長期無法保值之外，還要注意匯損的問題，有錢人必定會將台幣持續匯到國外避風頭，驅動了台幣長期看貶的趨勢。除了精華地段，有錢人製造房地產上漲的假象，短期尚有保值效力之外，大多數遠離市區的郊區、中南部、東部等，非就業密集人口

的地方，終將跌回起漲點。此波平均漲幅在 2 ～ 5 倍，比起 1990 年大漲 10 ～ 15 倍弱勢許多，在漲勢疲軟的情況下，暗示著後面潛藏著重大危機。其中一大因素是台灣人才有逐年被掏空的現象，在沒有優秀人才留在台灣工作、創造不出好的投資環境之下，等於加速邁向老化。日本把最優秀的人才留在國內，都已經快撐不過老人潮所帶來的經濟危機，台灣一旦進入老化，後果將更難以想像。

繼日本人口結構邁入老化、房地產走空 20 多年，緊接著是歐美，最後才是亞洲許多國家。中國則是因為人口結構進入勞力密集點，在年輕有為的人群眾多的結構下，成為最後富有的國家，一旦邁向老化，由於先前實行一胎化政策，享受富有的期間反倒是最短暫的，貧富差距勢必會拉得更大。又當美元漲勢到一定的程度，勢必將新興市場的房地產泡沫給刺破。亞洲主要是中國樓市的泡沫化，進而人民幣崩盤引發金融風暴，該來的終究躲不掉。當擁有房子的老年人多過計畫買房的年輕族群時，房市只漲不跌的趨勢將就此反轉，日本的老人潮驅動了 1990 年起，國內長達近 30 年的通貨緊縮，到目前尚未有所改善。這是資本主義終將碰到的一場經濟大災難，身在亞洲的台灣，也逐漸見證到老人潮所帶來的殺傷力。不過，仍有人喜歡買賣房地產，如果本身沒有房子，僅是想自住者，見股市大崩盤，可選擇在 2023 年進場，以雙北為主，避開中南部地牛大翻身。而投資房地產的最佳時機，則可等大地震以及金融風暴過後，另一波股市大崩盤，

全球面臨經濟大蕭條時期，許多人缺現金、急於拋售時，逢低進場也不遲。由於房地產人口紅利已消失殆盡，因此未來買房僅以保值為主，不要奢求能賺多少。若想靠投資賺大錢，2022 年底見全球股市崩盤，有機會形成另一波十年大多頭市場，則是存股的好時機。

即使我們懂得預測行情，也未必能從中致富，預測歸預測，分析歸分析，要能獲得投資收益，必須天時、地利、人和才行。首先是出手時機要正確，太早或太晚進場都不恰當，錯過了正確的進場時機，有可能因此錯失行情。接著是心態要夠穩健，「心」無法靜下來，也將影響到投資心態，進而掉進致富陷阱。最後則是資金要控管得宜，雖然大方向看對，但利用高槓桿的期貨原理操作，往往會被行情的一小波回測嚇出一身冷汗，因而錯失大行情。此時最好利用現股方式來抱長線，通常是穩賺不賠的，這是我預測行情幾十年來的總體驗。很多時候，明明行情預測完全正確，有些投資人就是無法順利獲得利潤，反而面臨虧損的命運，追究其原因是心態不夠沉靜的關係，諸如交友複雜、喜愛道聽塗說，對投資反而是種傷害。

當操作陷入泥沼、兵荒馬亂的時候，此時不能持有部位，不然就永遠看不準。每當我感到思緒混亂就出清持股，心中像一張白紙，重新思索市場變化。人們絕不能逆勢而為，因為在逆勢中根本無法靜下心來思考問題，固執己見只會讓情況越來越糟糕。

$ 玉帝送來的法寶

欲知前世因，今生受者是；欲知來世果，今生做者是。一個人的專業能力，並非這一世努力的結果，而是累世修行的成果。當好運來臨，需以謙卑的態度，擁有奉獻的精神，使好運不斷輪轉；當壞運來襲，需抱持還債的心情，進而避開厄運的輪迴。

筆者曾在睡夢中解出股市、黃金以及房地產的致富密碼，某天凌晨起床，看見床頭旁邊夜視鐘顯示 4 點 44 分，我知道我的好運又要來了。

中國人對 4 這個數字很感冒，認為跟死的諧音有關，但對我來說，卻是幸運的數字。我在 1999 年前尚未賺進第一桶金的時候，奇摩的信箱都是 888 或者 168 等吉利的數字，短期間是有賺到一些錢，但稍微一失神，沒多久又面臨賠光破產的局面。1995 ～ 1999 年期間，經歷過 4 次的財富爆發，也大賠過 4 次，幾乎面臨人生的絕境。因為利用高槓桿權證搭配資券當沖來操作，沒幾回合資金就有倍數成長，但也因為多半時間把部位買滿，只要有一次操作失誤，沒有即時停損出場，十成資金加上高槓桿效果，很快就會賠光，一個月內從百萬富翁賠到手頭只剩 2 萬塊不到。大學時期在外住宿，開學要繳學費、付房租，都不敢回家跟母親要錢，怕丟家人的臉，因為母親在外人面前總是把我誇得比神仙還厲害：「神

仙無法告訴人們股市密碼,去問我兒子就能一清二楚。」於是,我只能強忍住伸手跟家人要錢的念頭,三餐靠著一大鍋自己煮的玉米濃湯來過活。

直到絕望關頭,實在是無法生存下去了,便到提款機面前想把剩餘的錢領出來,提款機最低提領額度是 1000 元,剩下 444 元領不出來,看著眼前 444 的餘額,心中燃起豁出去的念頭,看看能否以毒攻毒。首先把提款機密碼改成 4444,然後換新的信箱帳號 andyy444@yahoo.com.tw,證券期貨的帳戶也要跟 444 有關,因此另外重新開一個證券期貨戶,服務人員一開始面露苦笑、不好意思的對我說:「你要選號的話,目前只剩這幾個沒人要的帳號,都跟 4 有關。」我毫不猶豫選了最多 4 的那一組,櫃台人員個個看傻了眼。開完新戶頭之後,在市區裡以 90 公里的速度狂飆著,但一想到父母親日後都要我孝順,便立即緊急煞車,車輪打滑、摔車了,幸虧僅是小擦傷沒什麼大礙,隨即轉身爬起來回宿舍就寢。半夜醒來見到電子鐘停在 4 點 44 分,深深感覺和 4 這個數字越來越有緣分了,於是對著空氣說:「既然咱們這麼有緣,那你就別來害我,趕快讓我起死回生吧!」說完便跑去睡回籠覺。

夢裡來了一位女士身影與我對話,穿著非一般人的模樣,手裡拿著如意法寶,好熟悉的聲音在呼喚著我,好像我跟她很熟似的。這是繼我 5 歲夢見太上老君以及一位小男童在床邊之後,直到 20 多歲夢到這麼特殊又清晰的畫面,先前

夢裡只聽得到聲音、看不到身影，如今卻活靈活現在眼前。

「這只是過渡時期，再過一陣子就要上軌道。」

「我幾天沒吃飯，已撐不過這一階段了，還是讓我回去吧！」

「暫時放下股市，去數錢。」

「數錢？」

「有人會幫你的。」

我還沒反應過來，畫面則轉換到一個大金庫。不久，我淚流滿面懷著感動的心情，緩緩地醒了過來。隔一段時日，高職老師突然主動來電，介紹我回高職教學弟妹數學以及兼任家教，沒多久就存了一小筆操盤基金，可供我用來操作權證。接下來到陳董操盤室從事專業操盤人的工作，短短一年的時間就讓我見識到「起死回生」的爆發威力。一般人看到4只聯想到死，卻從沒想過最壞的情況已悄悄在眼前，另一個嶄新的人生旅程將重新開始。這是在1999年初期發生的事，事後在陳董家神壇上發現「瑤池金母」的神像，這才得知是母娘從中幫我。

如今，時間來到2000年底，當凌晨起床再次看到4點

44 分，我相信背後必有好康的事要發生了，但我不確定是否只是巧合，還是先入睡再說吧！躺下來沒多久，畫面來到一間三合院的神壇面前，這裡正是我的老家，母親在幫我開智慧，上面有許多大頭人物的卡通圖卡，我拿了一疊，母親說：「不能全部燒完，能量一旦耗盡等於光明前途一片黑暗，大家尚需要你的協助。」便叫我拿幾張媽媽與小孩的圖卡即可。夏天很熱，有很多的電風扇在一旁吹著，差點把圖卡吹走，我把風扇移到一旁，順利燒著圖卡，母親則在一旁唸經做法。等把圖卡燒得差不多，我看了神壇上的眾神明一眼，心裡問祂們：「幫我開智慧了嗎？」不久腦海被震了一下，我一時昏睡過去，立即進入夢中夢的畫面，到達另外一個地方去。

很自然地跪了下來，發現自己穿著古代服飾，黃馬褂看起來滿得體的樣子，令人很有自信。玉帝坐在龍椅上，威風凜凜，屁股微微翹起來，隨和地與我對了幾句話：

「X 財，你那並不是在做好事。」

「好事是他們說的，但我隱約感覺到跟人報股市明牌未必是好事。」

「嗯！不過我需要你的『魄』來完成任務，是祂們跟我交待的。來……」

玉帝長得年輕，身上穿著青色馬褂，40 歲左右的模樣，

說話語氣輕巧又鏗鏘有力，一邊說話一邊指著旁邊的眾神，但眼前只看到我跟玉帝及後面大老遠另一個世界穿著道士服、正在幫我做法的母親。當玉帝說完「來」這個字，伸手輕輕一揮，便把魄的能量傳遞到我腦海裡。腦海裡被滑動了一下，很奇特的感覺。突然間膽量變大了，此刻，連跟玉帝打聲招呼也沒有，就自個兒起身，頭也不回地跑出去查字典，什麼叫作「迫」或者是「魄」？直覺告訴我是魄力的魄字。我心裡推敲著，這是什麼神奇的法寶？腦海裡馬上浮現一連串的字句提供我閱讀：「魄，部首鬼，注音ㄆㄛˋ，人的精氣，意在使人頭腦清醒，理智一點。魄力，做事要有膽識和果斷力，不要那麼白目的意思。」我看到最後一句，解釋得頗有一番趣味，不禁會心一笑。趕緊回去找母親，跟她說剛剛玉帝送我一個魄，開啟了我的慧眼，是一個讓我擁有智慧、膽識、大愛、慈悲的中心，一旦進入這個中心，我將會無所不知，對於身邊擁有的一切，感到知足常樂。才剛走出大門，便緩緩地從睡夢中醒過來，心裡默背著剛剛作夢的提醒，待清醒記錄在日記本上。

在作夢時，當下總覺得理所當然，原本想不到的人情世故，突然都開竅了。玉帝是國語口音，「Ｘ財」可能是玉帝呼喚我的名字，夢境中的圖卡則代表每個人與生俱來的無形能量，例如補財庫、福祿壽或者祈求某些神助力量，這些都是我們過去做了某些善行，逐漸累積的能量，但能量圖卡有限，一旦耗盡，前途將一片黑暗。當提筆寫到這裡，我似乎

聯想到近期一直在求神拜佛，祈求得到更多財源，玉帝可能是建議我無須多求，畢竟已衣食無虞，未來持續行善，自然會得到好因緣。拿母親以及小孩圖卡來燒，則是祈求家人身體健康、平安最重要。待清醒些，發覺夢境中的「白目」原來是在罵我，不能人云亦云，自己要有主見，高靈們都給我靈感了，什麼事該做，什麼事不該做，心中早有定見，為何還會被旁人拖著走呢？有時嘴巴都幫我封起來了，我還執意在主力大戶面前洩天機，幫他們躲過各種災難，這會令我陷入難解的因果循環。有時因為我的一句話，而讓這些人背後的冤親債主找上門，記得曾經有一位凶惡的女士對我大吼：「別理那一位女人！」我回頭一看沒有人，剎那間失魂落魄，受到了一點驚嚇，三魂七魄頓時少了一魄，很長一段時間跟人們交談、報股市明牌，無意間會面露驚恐緊張，講話結巴得好不自在。現在回想起來，原來是受到無形的懲罰，暗示我不要說太多的意思。如今玉帝為了讓我順利完成任務，幫助窮苦人家從股市翻身，特地托夢親自把魄送還給我，真是令我大開眼界，感恩玉帝的恩典。

$ 無極瑤池金母大天尊

　　貪、嗔、痴為人類先天性的三種心病，其殘害身心，沉淪於生死輪迴。貪，是對於喜好的過分偏執；嗔，是對於討厭的過分偏執；痴，是不明事理的實相，做出貪或嗔的反應。心病一旦發作，將會引發炙熱之苦，是人類痛苦的根源。「戒、定、慧」是對治貪嗔痴的方法。戒，完善道德品行，對治過分的貪心；定，致力於內心平靜，可對治過分的暴躁和沒有耐心引起的嗔恨；慧，培育智慧，從而對治愚痴。

　　擁有神通的人分為兩種，一種是先天性、出生就有的人，這必定是經由累世修行得來的；另一種則是今世修道、逐漸累積的成果。我碰過許多神學大師，經由今世努力得來的神通，會像剛學走路的小孩一樣，走得顛三倒四的，以致在別人看來，容易被認定有些許精神異常，或者走火入魔。依我多年來的觀察，後天努力得來的神通易引起爭議，跟信徒之間容易產生糾紛，而先天性神通卻可以克服這一個障礙。許多今世道行高深的神通人士，早在前幾輩子已陸續有所修練了，如今才能順利施展神通。就如同我預知未來金融走勢，可以自由發揮神奇的力量，不易被外界看笑話。

　　當神通能力來的時候，可以感覺自己身體起了變化，變得比較興奮，走路輕飄飄地，非常有活力。眼、耳、鼻、舌、身、意變得更寬廣，因而看得見別人看不到的事物、想像得

到別人想不到的事，並利用特高音頻腦波預知未來事。屢屢一腳踏入寺廟或教堂裡，總會有通靈人主動走過來小心翼翼的問我：「你……是不是有……預知能力？」我眼睛瞪大地瞧了他一眼，彼此不熟識，身旁好友也不知我有這方面能力，怎麼突然間會冒出這一句話呢？這位大師果然有通靈能力。剛開始還滿得意這種被關切的感覺，但日子久了會很不自在，因為接下來通靈人要問我金融投資有關的明牌了：「何時可以買股票、買美元、買房地產……」沒說清楚，不會輕易讓我回家。

擁有神通能力的人，身體裡有著強烈磁場，與物品摩擦，比起一般人更容易產生靜電。因此家裡的電冰箱、水龍頭以及跟金屬有關、易產生靜電的接觸點，皆被我貼滿了膠帶來隔絕，以防止被電擊而受驚。有時人們觸碰到我的身體也會產生火花，進而把對方嚇一跳，當時總是有苦難言。因此擁有神通能力的人，用思想與念力可以成就某些事情，倘若中途玩過頭，將帶給自己與世人極高危險性，所以有先天神通的人，背後都會有高靈日夜跟隨監督。某些無名病、卡到陰的困擾，現代醫療科學無法解決的，有時可以藉由神通來從中化解，並非我的神通有多高強，而是隱身在背後的高靈幫忙的結果。常聽朋友對我說一句話：「每次你一出現，我知道背後必有神奇的事要發生了。」

倘若我經常使用神通，只為了成就自己與身邊少數幾個

人，此時我的神通能力將會逐年降低。而當我幫助不認識的有緣人，特別是有福報的人，對方會散發感恩的念力，無形間會迴向給大眾與自己，進而傳達到宇宙的任一角落，當高靈們接收到好的訊息磁場，便會前來加強我的神通能力，這樣祂們即能借助我的力量來幫助更多人群。因此，大部分時間我都是以預測未來金融行情，提供給不認識的網友，幫助他們趨吉避凶，事後發覺神通能力不但沒有減損，反而與日俱增。

　　股市經歷了 1999 年的多頭和 2000 年的大空頭，市場上開始出現各式各樣的主流門派，有基本面派、技術面派，更有紫微斗數、易經及八卦……等等，真是五花八門，僅僅我這「神學派」不能太過張揚，免得被認定是個瘋子。因此我只能順應時勢，藉由時代潮流趨向來分析大盤，當大家都在看波浪理論的主流分析文章時，我會在下面分享未來哪一時間，大盤即會展開第三波主跌段行情，告知網友記得將股票出清，並反手作空。隨即被波浪理論的版主給否定了，認定我分析的波浪結構是一個錯誤，因為波浪大師主張的是主升段行情即將啟動。又當大家都在運用 KD 指標來分析大盤時，我也會在底下回應幾篇，告知網友二週後的 KD 值會來到80，手中有股票的人應找高點出場，卻被號稱 KD 之神的版主當作笑話一則。這不能怪他們，畢竟技術分析書籍裡並沒有教導未來哪一天會是買點或賣點。時勢造英雄，當時我隱約看得到未來的答案，卻無法利用專業的語氣來分析大盤，

腦海裡總是只有答案，卻沒有理由與原因，有時還會開玩笑說是昨晚夢到的。過了一段時日，大盤的方向仍然按照我的規劃走，而那些人氣版主卻一個個消失不見，只剩下我在下面忙著回應網友，我真的沒有要踢館的意思，只是藉由他們的專業分析，來描繪出大盤未來方向。有些網友誤以為我是技術分析派的高手，其實我對技術分析與基本分析都懂得不多，只是一個看得到未來的神學派份子。

　　家永遠是溫馨的港灣，在我失意的時候給我安慰，成功時又能分享我的快樂，沒了家，有了錢，人生也沒什麼意義。基隆海事與海洋大學相連的後山，伴我度過了學生時代最輝煌的歲月，站在峰頂上，懸崖下的海水凝聚了我近十年來的情感，把大學當作醫學院來唸，二者讓我的內心深深紮根故土，這一生都不可能和它斷絕關係了，因為我施展的神通，就是站在此處而能順利運行的。我母親更是驕傲了，她有個這麼棒的兒子，親朋好友自然也對我刮目相看。三姊是個高中數學老師，一向討厭投機，崇尚腳踏實地做人、安安分分的工作，雖然替我高興，但也帶點不安的想法，打來長途電話送我四個字——「見好就收」。三姊的話好像會傳染似的，隔沒多久，家中四個姊姊口徑一致，唯獨大哥站在我這邊，因為他被我收買了，私底下吃美食都是我在買單。老爸則會三不五時走到我的房間門口，碎碎唸著：「趕緊出去外面工作，整天在家上網賭博沒什麼出息。」我能理解老爸的顧慮，於是隨手拿出一疊仟元鈔票給他，父親認為我有賺到錢，這

才安心。但隔沒多久又會上演同樣的戲碼，我見這不是長久之計，因此選擇在 2003 年 SARS 結束前買房子置產，家人見有了房子可安定下來，便放心地不再管我炒股的事。

此時我開始處理退休事宜，於是到迪化街找陳董下棋。算算日子我在迪化街已有 4 年了，4 年的網路理財寫作，我用了許多次神通，發現抓大盤轉折十分神準，在網路上留下了完美的傑作，充分體現無形力量的存在。

「我想休息一陣子，暫時放下股市。」

「這樣也好，前些日子你上網介紹加工絲股，隔天一早宏益、宜進、集盛開盤立即跳空漲停兩天，已被主管機關盯上了，晚報寫著迪化街主力炒作股票，三不五時報紙上就有你拉抬全面漲停的股票，在搞什麼？你還是休息一下比較好。好運暫到 2003 年中為止。」陳董嚴厲地訓示著。

2001 年初，我推薦的主流股票，不論是資產營建股、原物料股，總是盤個 1、2 天就一路大漲小回，讓適時介入的網友賺得笑呵呵，門派內的網友信心大增。2 月 19 日下午在 E-STOCK 發財網門派留言：「營建資產股我們可以獲利了結了，接下來可注意宏益、宜進以及集盛的買點。」多數網友開盤以不計價的方式市價敲進，9 點開盤全部跳空漲停鎖死到收盤，看到漲停板個個都很高興，特別是隔天又有一根漲停可賺。此時，我內心已開始感到焦慮不安，因為陳董一向喜

歡低調炒股，傍晚見報認為會見光死，於是叫我要懂得收手，電話裡不要談論有關股票的事，免得被監聽後患無窮。

「當一個人的運勢處在高峰、前途一片看好，是體會不到即將衰竭的氣勢。所謂『盛極必衰、否極泰來』的道理就會在這時候呈現出來。」

「那麼，未來幾年我想靜下來，專心寫一本財金書。」

「這樣也好，面對低潮的處境，最好的方法就是多讀書來充實自己。等你寫完預言書，別忘了送一本過來讓我見識一下。」

「前些日子我做了很特殊的夢，跟玉帝有關，不知陳董您有何高見？」

「我想應該是幫你開智慧吧！你穿著黃馬褂，代表玉帝有任務給你，可能是要你靜心下來寫金融預言書。」

「我想也是如此，現在超想讀書寫作，一天不讀書便感到人生無味，從未有這樣的感受。」

「呵呵！那應該就是了。玉帝居然會來託夢幫你加持，這是我從未聽聞的，難怪三官大帝會幫你。」

「三官大帝？如何說？」

「人們在拜玉帝時，前面通常會放三官大帝的神像，祂們彼此會有所照應的。」

「嗯！將軍抽車！陳董，你快沒棋了。」

不轉移焦點，何能瞞過曹操？陳董被我將了一軍，看了棋盤，然後再認真地瞧了我一眼。

「華仔，你怎麼可以這樣？這一局不算，不能讓我分心，太過虛偽會折損福報的。」

「福報一斤值多少？這一局贏了，你說好要把板橋的操盤室送給我，先賺先贏，哇哈哈！」

「沒關係，我雖然少了一支車，但仍有反擊的餘地。」

陳董是我少見的下棋高手，沒見他失誤是贏不了他的，如今少了一支車，我的贏面更大了，這次應該贏定了。非常感謝他幫我解決心中的迷惑，但我並不想憑空賺一棟房子，雖然陳董本來就打算要將它送給我，只是假借下棋轉交給我罷了！人生如一盤棋，此刻對我來說，最難的不是贏棋，而是假裝輸棋。就在離情依依的情景下，跟陳董告別，這是我最後一次跟他見面，心中的大石終於放了下來。富有神通能

力的人，想要維繫其能力，除了勤唸經文之外，還可靠累積福報、降低業力來維持，時時刻刻要有奉獻的精神，必要時把有形的物質留給別人，自己則可得到無形的力量與福報。畢竟神助力量是無形的，當我們無形的福報夠大，神助的力量就能夠發揮得淋漓盡致。有形的物質最終會歸於塵土而化為烏有，無形的果報卻可持續累積到下一世。

隔一段時間，陳董的通靈本領逐漸被收了回去，使得大禍臨頭之際，自是魂飛天外，一時沒個主意。如陳董先前所說的，算命仙算別人神準無比，算自己由於太過貼近的關係，偏差會比較大。其實有神通能力的人，人生平安順利，自然豐衣足食與趨吉避凶，高靈庇佑累世惡業報應不發生，不是高靈們有私心偏袒，只是將惡業報應暫時延後罷了！

我之所以離去，其實也是先前玉帝與一位女高靈交待下來的，託夢來叫我別多事，好好做自己，有捨才有得……等等建言。陳董的逃稅罪行算是小事一件，但跟主力群、大股東與股市分析名嘴聯手拉抬股價，利用內線交易來坑殺市場散戶，早已惡名昭彰。或許是 2000 年那一波大空頭讓他虧損累累，事後才會想到玉石俱焚的方法來賺黑心錢吧！看著眼前的財金晚報，描述某位散戶買了陳董的股票，因不堪虧損而跳樓自殺，這種殺人不著痕跡的罪行，無形間必須由陳董等炒作集團來承擔，良心道德將長期飽受無形的煎熬。

　　當時我雖然在陳董身旁幫忙操作營建、資產以及原物料股，網路上創造出多次全面漲停的版面，屢屢主流股全面漲停，晚報總是爭先恐後的報導，免費幫我們打廣告，卻未曾利用網路上的高人氣倒貨給他人。也由於我先前操作比較保守，雖然幫賺不多，但畢竟也躲過 2000 年的大崩盤。然而近期我發現戶頭裡的錢越來越少，很可能是陳董拿了一部分去做了不法投資，諸如從事「高利貸款」與「內線交易」，投資利潤非常之高，許多放高利貸的金主，在這一時期是最輝煌的時代，但終究是「黑心錢」，我為了避嫌，應盡早跟主力群劃清界線，畢竟我已衣食無虞，何必冒著貪婪的風險，去承擔無形的業報呢？

　　常聽算命仙洩漏天機身體容易不好，或者會有短命的現象，其實主要原因是幫到不該幫的人，自己成了「共犯結構」，對方的冤親債主來討債的關係。不管我們是哪方面的專業人士，或者是渡化眾生的大師，凡事不能把錢看太重，必要時要懂得放下，有捨才有得。做任何事都要運用智慧與慈悲心，即能遠離人生中難解的三種心病──貪、瞋、癡，人生得以圓滿與成功，悲智雙運。

　　同一時期我也將 E-STOCK 發財網第一大門派、7000 位會員一夕間清空，為避免預測行情失準連累網友，便找奇怪的理由將其踢除門派，僅剩 68 位忠實網友。在沒有智慧手機、FB 社群以及 LINE 群組的時代，能夠擁有近萬名粉絲，算是

很大的能量，許多人認為我腦袋有問題，我也沒多做解釋。因當時懂得捨得、不吝惜，自然能靜下來寫書，趕在股市大崩盤前完成著作，帶領有緣人避開 2008 年的金融大海嘯。

在預測未來時，正常人是先分析過程，最後猜測可能的答案；但我卻是先看到答案，事後補充資料完成預言。首先寫好《數位操盤》第 33 頁國際指數西元曆，未來十年金融行情規劃的重點，一眼就能看穿；由於事態緊急，2007 年再補充《專業操盤人的致富密碼》公開面市。快完成時，興奮地想跟大家分享，心裡呼喚著母娘，內容是否需要修正？當晚立即入夢，瞬間年齡來到 7 歲，幼兒園畢業典禮剛慶祝回來，與一群同學經過湳雅夜市，看到火車緩慢開著北上，終點站在板橋站，隨後將南下直達高雄。我奮勇第一個跳上火車，快到板橋站時，火車正在繞路開很慢，很想跳下去用走的，不一會兒繞到板橋媽祖廟，先行下車走進廟裡去找母親：

「母親在嗎？預言書快寫好了，希望能早點給她看。」

「母親不在這。那一位師姊會告訴你。」一位師兄指著另一邊。

「在哪？」我看到穿著翠藍色套裝的師姊走來。

「你書上的字樣很漂亮，可以貼在牆上讓人觀賞。」師姊親切的說。

「真的漂亮嗎？」聽到有人讚賞我寫的書，內心感到非常開心。

「上面已畫好的圖也可行。」指著畫好的股市天機圖。

夢裡母親指的是「母娘」，第一次稱呼神明為母親，有點不自在，但在夢裡卻很自然。火車緩慢北上繞道抵達終點站，代表股市快到頂端時，會震盪作頭，等盤完頭才會急速南下直達高雄，呼籲操作上要冷靜不要急躁。把書的內容貼在操盤室牆面上，眾神會看到，需要修正的地方會適時提醒我。這是提示 2008 年初，股市盤完頭就準備南下直達高雄了。事後一位網友「八佰」指引我到一間廟宇拜拜，祈求事業順心如意，預言書能神準無比。她是網路上認識的第一位金主，有濃厚的情誼在，後來想學紫微斗數，正好剛跟陳董分手，身邊缺一位神算，於是心裡默唸：「盼望高靈能從中加強八佰的神通能力，專精在紫微斗數，以便幫人們趨吉避凶。」僅僅 3 年時間的學習，猶如 30 年紫微斗數的老師父，那麼深沉老練。於是獨自一人順著地址走，廟名沒聽過，還不清楚拜的是什麼神，但中途看到穿著翠藍色套裝的師姊，心裡已有個底，再看主神手裡拿著如意法寶，忽然的骨肉團圓，感到驚喜交加，不禁喜極而泣。

◎與松山慈惠堂母娘合照

◎玉帝贈與的令旗,奉令趕在股市空頭市場前出書,讓有緣人避開股災,普渡眾生。

$ 預言師的氣勢

預言師能夠通往異次元空間，借助夢境回到過去以及通往未來，進而遇見致富密碼，這就是預言師的命運。

寫預言書欲找知名出版社談出書細節：

「你先把目錄傳來，閱覽相關內容後我們再考慮。」

「內容主要是寫未來的投資機會，可以嗎？」

「這個嘛…我們老闆是基督教的，不相信預測未來這種東西。」

「投資本來就跟未來有關，不懂得預測未來，那要怎麼投資呢？」

「抱歉！實在沒辦法，所以你還是另請高明吧！」隨即被掛電話了。

私底下，許多朋友是基督徒，也都有看我的預言在投資，我想跟宗教無關，可能是不想浪費時間在一位小小作家身上。無奈之下，心裡默念該找誰幫忙出預言書呢？靈機一動找到大學同學的哥哥，他有在出版社待過，全家是基督教徒，答應幫我出版《數位操盤》。也在夢裡得到感應，來到聚財

網當理財版主，跟出書有關。會夢到聚財網，是先前朋友說這裡網友素質不錯，當時有點懷疑，以為是日有所思的夢，畢竟聚財網沒有幫人出過任何一本財金書。上網寫文章不到一個月，「聚財小美女」傳來悄悄話，詢問可否幫忙合集出版一本《股市致勝策略》，此時我心裡在偷笑，立即答應不拿稿費。2007年的《專業操盤人的致富密碼》便由聚財出版。第二季來到聚財總部，股市量能低迷，與執行長對話：

「為何選在下半年出書？」老闆疑似認為股市沒量，不適合出書。

「因為下半年股市量能就會爆量出來了，所以那時出書最好。」

「哇！原來如此。」

「再說，明年會有一波空頭市場，出書是為了幫投資人避開風險。」

「最近你預測都滿準的，但還是盡量少發言，一旦不準，網友是很現實的，人氣會立即降下來，影響到出書就不好了。」

「呵呵！我是有把握才會貼主題文章，老網友都知道。」

　　預言師有等級高低之分，冒牌預言師會想盡辦法上電視，預測十次只要準一次就能紅透半天邊，但他忘了先前九次的失誤已害慘許多人，因而背負不少業障。而正牌預言師知道背後有因果報應的困擾，一切有意志的行為，不論善惡都將導致未來世的樂與苦。現今一切眾生的生命型態，都是過去意志行為的結果，這種因果關係在未解脫之前，將永無止盡。因此，正牌預言師必須十拿九穩，才不會為自己帶來業障，出現在螢光幕只會降低預知能力，逼自己走上絕路。我所熟識的高靈也不喜歡上鏡頭，何以見得呢？當預言書準確預言 2008 年的金融大海嘯，通告排山倒海而來，聚財網的許多版主都上財金台亮相，我也擬好草稿，並在自己的操盤室練習演說，可是一打開攝影機正要開口說話時，支支吾吾無言以對，變回先前緊張驚恐的模樣，試了幾次都一樣。事後猜想，應該是我身邊的守護天使已悄悄避開攝影鏡頭，以致大腦瞬間被掏空，暫時吸收不到實用的訊息，警覺到是告訴我不要上電視，這才逐步恢復狀態。

● 《專業操盤人的致富密碼》第 85 頁天機圖，與 2008 年金融大海嘯的真實走勢，兩者極為相似。

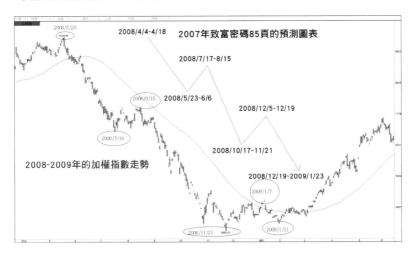

　　在寫預言書的時候，身體出現明顯的變化，諸如猛打哈欠、打嗝打不停等，頻率已超出正常的範圍，有時甚至難受得喘不過氣來，也試過看胸腔內科以及精神科，都沒有找到病因，最後只好借用神通從中化解。不一會兒進入睡眠狀況，感應到跟「飲食」有關，但我不確定是什麼食物造成的，隨即打開電視，看到養生節目播出少吃油炸食品有助身心健康，起初難以置信，油炸食品真有那麼毒嗎？多年前吃都沒事，怎麼此時會令我有反胃的徵兆呢？仍然繼續鐵齒享受炸雞排、鹹酥雞美食，二小時後氣喘果真發作了，爾後戒掉吃油炸食品的壞習慣，方能有效遠離氣喘病魔。

　　2012 年，大陸查獲大規模的地溝油生產工廠，發現從 2004 年起就在油品裡混合多種廢棄油，再販售給廠商和攤販。台灣人看到這則新聞都在笑大陸的黑心，但此刻我實在笑不出來，從發生的時間點算起，我自個兒就因吃到油炸食品而產生氣喘，因此，我斷定台灣也有這類的黑心油，應是同一家黑心集團所為，同時在大陸、台灣兩地販賣。果不其然！隔一年輪到台灣爆發黑心油事件，但官商勾結太過明顯，欲抓小放大來息事寧人，沒有執法魄力，這是國民黨失去政權的主要原因。眼看台灣人要吃一輩子的毒油了，於是我只好走到板橋媽祖廟向玉帝稟報，務必要把大咖的黑心商人揪出來。我知道這已違背金融神通的專業，但我寧願消耗所有神通力，也不願吃一輩子的毒油，不然下一本預言書我也沒有膽識寫下去了。隔一段時日果然得到了感應，通知我會在 2014 年下半年有所結果，並且深深影響股市，產生重大波動。2014 年 1 月 21 日，我在聚財網發表〈2014 年黑天鵝風暴〉的主題文章，提及 8 月份起大盤波動會越來越大，要注意一波快速下殺的空頭行情，網友熱烈回應，點閱立即衝破 30 萬人次，在小小的台灣算是無人能及了。

　　預測股市行情就是這麼有趣。預言師可以在一年前看到未來可能會發生的事，如果預測錯了，不用擔心會有所損失，畢竟中間有十個階段要走，當前面 8 個階段都對了，還差兩步預言就會成真，那時候就是我們出手的時機。反之，當前面幾個階段都相互違背，沒有當初預期的效果，代表先前的

預測可能是個錯誤，我們就不需要進場買賣股票，自然也不會有所損失。不過，中間可能會發生的人事物背景，千萬別事先說出來，金融預言師要賺取的是市場價差，並非小道消息，一旦公佈則會使人有預期心理，進而影響到股價原有的漲跌模式，此時便無法順利從中獲得利潤。

倘若預言師看到致富密碼總是自己獨享，喜愛開名車、住豪宅，生活過於奢華靡爛，這一類預言師的功力通常是最低階的，很可能是個「騙子」。一個人的快樂並非擁有的多，而是計較的少，我們心中要有一種信念，活著能為民服務就是一種福氣。此時此刻，我的心靈世界正在跟時間賽跑，時間站在我後面，虎視眈眈、伺機掠奪，它像是一個能量強大的黑洞，又快又狠心的吸引著我，試圖從後方吞噬我的心靈，但我必須持續跑在時間之前，才能保有預知能力。雖然賺了一些錢，仍舊盡心盡力幫網友避開投資風險，平時也會到各廟宇添香油錢，在路上看見老人家或小孩賣小東西，也會主動上前購買。雖然花的錢不多，依然有心靈福至的感受，也才有足夠的無形能量，面對千變萬化的金融局勢。

預言師有等級之分，分別是普級、中級、高級、頂級以及首席預言師，每個人各有一張屬於自己的魔法卡，正當我在夢中與其他預言師碰面時，感覺他們忙手忙腳的，根本沒空理會我，或許是在夢裡有時間限制，大家急著從資料庫尋找致富密碼的關係。唯獨我在大型圖書館中，自由穿梭閒逛

著，甚至調皮搗蛋在一旁裝起鬼臉，最後感覺無聊，就直接往最裡面一道門走去。當站在一道門卡前面看著標示時，突然一位長相很老成的預言師把我給喊住。

「喂！前面那位小鬼頭，裡面你不能進去。」

「裡面是什麼？」

「裡面是股市密碼，看了你也不懂，還是快回去吧！」

「為何不能進去瞧瞧？」

「每個魔法門都不一樣，這門是首席預言師才打得開，連我都進不去了，你這乳臭未乾的傻小子來這裡幹麻？」

「是哦！但這裡有一張萬用卡，不知道打不打得開耶！」

「咦！這是傳說中的……萬用卡……嗎？」長得古怪的預言師似乎沒看過萬用卡，雙眼睜大不知該說些什麼。

「試看看好了。」隨即「唰」一聲，左右兩扇門瞬間分開，頭也不回地飛了進去。

進去後，裡頭的書本一本接著一本飛了過來，並且一套

一套分類好了。管理員問我今天需要什麼類型的金融密碼，共有各種金融魔法數字可設定。於是，我在電腦前面設定了魔法參數，隨即看到過去的金融歷史走勢圖，連接通往未來的致富密碼。內容只有股價曲線圖以及發生的時間點，並看不到文字敘述，這些內容在另一道門裡。但我最喜歡股價走勢圖的大門，因為這用來操作期貨選擇權是最有價值的致富密碼。原先我的功力較弱且貪心，全選新的參數，以致沒有舊的歷史圖表可參考，雖然可以看到更長遠的未來走勢圖，卻搞不清楚這是什麼金融密碼，只能猜該圖表可能是紐約黃金或者是S&P500之類的，畢竟這兩個指數的價格當時相當接近。當我看到天機圖，起床必須立即將景象畫出來，不然十分鐘後將會全部忘掉。事後配合週期循環來分析，若跟夢境中走勢一致，才有信心下筆完成股市預言書。

當我在看預告片，連隔天才會發生的頭條社會新聞，大概都能夠模模糊糊地事先看到，我想祂們可能是想利用預告片的原理，告訴我一些有關於祂們與我們之間生存的某些原則。而在看預告片最嚴重的時候，胸口像被什麼東西揪住了，喘不過氣來。當我聽到噗通、噗通身體內的血液流動聲，並帶著刺刺的心絞痛，即是警告我時間到了，要立即醒過來，不然後果將不堪設想。就在快醒來前，一位女高靈來我耳邊告誡了一番話，這次是台語歌仔戲的口音，有些聽不太清楚，醒來寫日記一時翻譯錯了，多年後得知括號裡才是正確的字句。

「善哉呀（×財呀）、善哉（×財），你在順遂時不要驕傲，在低潮時不要垂頭喪氣，要以勝不驕、敗不餒的精神來面對當下的處境。」

「善哉？阿彌陀佛。」

在我輕聲唸完阿彌陀佛後就緩緩醒了過來。我一直沉思這位女高靈是誰？於是利用刪去法來猜想，不是母娘、不是媽祖，就剩地母跟觀世音菩薩了，一位是娃娃音，一位是歌仔戲口音，大致上高靈的聲音我都記起來了，只差這兩位暫時無法分辨。可能是剛剛太臭屁的關係，被一位高靈前來摸頭關切，看來我還有很多要學習的地方。

記得在某場槍擊事件的早晨，曾夢到兩把槍以及兩顆子彈，一旁刻著「自導自演」四個大字，讓我自行去聯想。醒來後還責怪菩薩一番，嘴裡唸著：「給我槍幹嘛？是在取笑我這一波大盤看得如此神準，卻沒有賺到錢，要我玩俄羅斯輪盤的遊戲嗎？大盤從 4000 點上漲至 7000 點，全被我料中了，但我為什麼沒賺到錢？為何一換股，剛剛賣出的股票隨即拉漲停板、並且漲不停，而轉換過來的股票卻開始陷入牛皮走勢？你們是要氣死我是吧！」

請將不如激將，於是另一波靈感又來了，當時感覺這次要玩大一點的，前一年在網路上規劃的 7000 點滿足點已經到

了，大盤準備要走空，應該可買進 2004 年 4 月份的台指選擇
權，以看短期急跌的操盤手法。一早看盤便準備進場下單，
原先欲買入 6200 的 PUT，理想價格在 26 點以下，盤中遲遲
未能成交，只好改掛高一點，但快要收盤了，發現價格一路
往上跑，最後來到當日最高 43 點作收。由於選擇權的價格太
貴，聰明的我才不會進場追價，因為當天大盤是上漲的，選
擇權 PUT 一般要往下跌才對，為什麼會有一群瘋子在追價？
我痴痴看著電腦螢幕，一邊取笑那些不懂得操作選擇權、胡
亂追買 PUT 的玩家。

　　當天收盤後，便一個人搭捷運到各大選舉場合觀摩一
下。在路途中，我隱約聽到槍擊事件，發現事有蹊蹺，這才
聯想到應該跟今早的夢有關！暫不管那麼多了，先回家看新
聞再說。當看見新聞畫面民進黨造勢場合人越聚越多，印在
我腦海裡的票數顯示民進黨反敗為勝，約贏 30 萬票，而且還
在持續增加之中。由於票數已超出我的預期範圍，我心裡喊
著：「不行、不行，我不行這樣貿然跟組頭下注，得親自到
民進黨造勢活動現場觀摩一下，才能狠狠地賭一把。」到達
民進黨競選總部之後，感應贏的票數急遽上升至 80 萬票，直
至國民黨總統候選人發表演說，兩黨的票數才又慢慢逼近。
最後我決定總統大選賭輸贏在 5 萬票之間，若賭國民黨輸 5
萬票之內可中大樂透。看著民進黨造勢現場的人都哭了，人
們正在為中槍的候選人祈福；全省的地下組頭都哭了，因為
我建議玩家的賭注是買民進黨贏 5 萬票之內；當時我也哭了，

我哭的是週一開盤、台指選擇權錯失大賺 30 倍的獲利契機！

金融投資最倒楣的事，莫過於看錯行情、下錯單進而有破財的危機。但此刻對我來說，最倒楣則是看準金融行情的未來變化，卻始終賺不到，金銀財寶在我身邊飛來飛去，想抓也抓不著，看了心癢癢。其實，陳董說的一點都沒有錯，從 2003 年中起，我將有一連串的破財機運，這期間必須低調一點，所以這次我已有防破財的方法，就是買房子來幫我守財，不像之前賺了一大筆，錢仍留在股市戶頭裡，不懂得即時脫身離去，事後碰到運氣不佳時，很快地跌入谷底。我雖然有先天性神通能力，它的功能是讓我學習知識，快速進入狀況，特別是學習跟金融有關的學問，但是，神通並不代表投資獲利的保障，我必須持續累積福報才能更上一層樓。老天爺會選在這一時間讓我的財運走下坡，其中必有原因，可能是先前幫陳董操盤，或者上輩子做了某些壞事，如今將承受苦果。好玩的是，我還知道自己未來一段時間運氣會不好，正在防破。其實，宇宙中有很多事是相對的，這可能是先前幫忙一些網友避開投資風險，如今我才有福氣懂得為自己趨吉避凶。我終於對神通有了初步的見解，那就是再厲害的「降世神通」也難敵業力果報，頂多靠累積福報來降低自己的業障罷了！

一個人有多優秀，要看他背後有誰在指導。古人說：「強將無弱兵，名師出高徒。」在求知金融未來走勢，感恩高靈

們的指導，真的不誇張，不到一年的時間，即懂得預知全球金融市場的走勢，其中包括國際股匯市、債市、農產品、黃金、石油以及房地產……等等。常有人問我：「從哪學來的？到底是誰教的？」還真是考倒我了，只要言談中提到「神學、佛法」等相關字眼，不久就會被認為是個瘋子。實際上，許多盤勢規劃都是在一瞬間得到神秘力量，配合藝高人膽大，才有膽識預測未來。

在未來世界裡，窮人難以靠讀書來翻身，那些公平的致富之路已被富人壟斷。因此，生長在這一代的窮苦人家不該有罪惡感，不是自己不夠努力，而是資本主義所衍生出來的經濟體系，造就了大者恆大的經濟生活圈，亦即領先卡好位者，將通吃全贏。貧富差距越來越懸殊，像吹氣球一樣，當大到不能再大了，氣球終有一天會破滅，最後連有錢人也受罪，接著就是爆發大規模革命性戰爭，才有機會重新洗牌。

歷史上許多財富重分配的時機，可作為我們努力的借鏡，目前不過是在重演二次世界大戰前的經濟規模。在大規模的血腥戰爭來臨之前，首先開幕的是「金融戰爭」，經濟體系較弱的國家會先在貿易戰被襲擊。美國利用貿易戰搶奪全世界的財富，促使人們隱性失業、銀行破產、外資大逃亡；各國央行由匯率貶值來減緩貿易戰所帶來的衝擊，唯美國可持續印鈔，並不會折損貨幣價值，這是阿度仔的陰謀。接著各國匯率失控而展開貶值競賽，導致股市及房地產崩盤，

直至許多國家的地方政府瀕臨破產邊緣、輸不起而翻桌的時候，才會聯合起來掠奪其他國家的資產。當各國認為戰爭有利於解決經濟困境時，會促使許多國紛紛加入戰爭行列，進而爆發第三次世界大戰。這個時間點是在全球經濟大蕭條後，就準備要展開了。一旦爆發世界大戰，再強的盾終究抵抗不了成千上萬顆的飛彈，只要在內地發生戰爭，就算是美國也會變成病貓，二戰後的英國便是如此。第三次世界大戰爆發，生化以及核武是必備的武器，生化戰疑似在 2002 年的 SARS 以及 2019 年的大瘟疫悄悄試驗中，核武首要用來攻擊各國的航母戰鬥群。因此，戰爭爆發首先是各國的航空母艦依序被魚雷以及核武擊沉，海上只剩下潛水艇在做最後的拚鬥。當地球沒有世界警察來維持秩序，小國會陸續被併吞，亞洲逐漸被統一，中國也不能倖免。而戰後會有漁翁得利者，這個國家土地面積大、貧民窟多，不怕飛彈來炸，戰爭反而為窮人打出另一條生路。小國或者小經濟體的國家，當地發行的貨幣容易變成壁紙，亞洲各國貨幣會統一成亞幣，這是我建議有錢人將錢分散到美元與歐元的原因之一。

$ 股海殺戮輪迴

　　股市雖然殘酷，卻不是一戰定生死的淘汰賽。股海裡也有賭技如神、能不斷從市場中提款的股神。買賣股票只要專業上的成熟度夠穩健，即使心態是在投機，也能像是在經營事業一樣。當逆境來臨，更需要沉著冷靜，做好資金控管並防範風險，這些都是征戰股海長期得以生存下去的祕密武器。

　　2006 年暑假，出版此生第一本金融預言書。在寫書的時候，在清醒的狀況下陸續被開了天耳以及天眼。開天耳時，感覺有物體從耳朵進出，隨後聽到聲音在耳內發聲，聽到摩斯密碼及一位女性對著我說英文，另有英文聖歌重複播放著，似乎想確認我有沒有聽到。開天眼時，眼前像飛蚊症配合蟬鳴聲的場景，那一晚是颱風夜，以為窗戶有破洞，一群蚊子飛了進來。不久現形給我看，逐漸聽到佛教界的天語，有聽沒有懂，我便好奇開口：「請說中文好嗎？」。

　　茫然不知所措，不過本身沒做壞事，並不害怕。身體熱麻麻的，冬天不怕冷、夏天不怕熱，比起多年前更容易產生靜電，於是得到諸多靈感，一邊寫預言書一邊感受身體上奇特的發展。由於密集使用神通，我的心智快速躍進未來，平常的腰酸背痛瞬間消失不見，外表顯得年輕，始終停留在大學時期的模樣。我不確定密集使用神通，對身體會有什麼後遺症，但眼前看到充滿希望的未來，我想只要能跟大家分享

預見未來的喜悅，幫助窮苦人家從谷底翻身、避開股災，老天爺應該不會把我怎樣吧！畢竟這是平民百姓翻身致富的唯一管道。因此，我帶著十足的勇氣，配合高靈們交代下來的任務，務必將致富密碼分享出去。「天機不可洩露」這句話是冒牌預言師專屬的話術，只要有緣，遇到福分夠的人，我自然會主動上前告知致富密碼，至於對方是否相信我，或者把我當作瘋子，那又是另一種有趣的緣分了。

　　第一個想到大學時期常去的證券商，帶著歡欣喜慶的心情出門，盤中到達證券大廳，發現座位空無一人，電視牆一半關機，根本沒人在看盤。我被搞糊塗了，現在這個時間不是正熱烈討論要投資哪檔股票，怎麼一個人影也沒有？不一會兒，我才緩緩回過神來，原來我已經 7 年的時間沒有來到這裡了，7 年之後舊地重遊，人事早已今非昔比。感應到每個人起初帶著夢想與希望來到此地，離去前只剩下傷心與絕望，內心的愧疚不由得湧上心頭，心裡喃喃自語著：「抱歉！我來晚了，當年所作的承諾，如今無法兌現。」便帶著傷感與不捨的心情走出號子。

　　靈感大老遠把我叫來，卻對我不聞不問。突然間靈光一閃，在寫《數位操盤》時，不正是運用 7 年循環的基礎，得以把整本預言書的架構完成嗎？股市由一個多頭市場的高點，到達下一輪多頭市場高點，完整循環平均有 7 年的壽命，代表 7 年之後將再次遇到同樣的命運糾葛，難怪此刻

在我腦海裡，一直停留在 7 年前的今天發生了什麼事。將 2006 減去 7 等於 1999，代表 1999 年對我來說，像是昨天才發生的事一樣。一早起床，腦海裡回憶到上一輪股海征戰的奇幻旅程，時間錯亂以為大學時期的股友還在現場等著我，真是呆瓜呀！

當大盤進入牛市時，我會很自然聯想到上次上漲的種種慣性，進而從中獲取利潤；一旦進入熊市，也能立即體會到過去大跌時的慣性，進而避開風險。而每隔 7 年，人們的野心就會比過去大許多，股市泡沫也就愈吹愈大。2000 年下半年出現網路泡沫化的危機，日後造成美國高科技股大崩盤，連累了全球股市，網路泡沫最終被吹破，產生了大爆炸，好比巨型物體大爆炸，誕生了宇宙，產生了銀河系與太陽系，間接孵化出各種時間與空間的循環。此時，股市 7 年循環的時間週期似乎已悄然起動，如今急忙趕在股市崩盤前出書，這一切不就是為了要幫助人們避開即將到來的大空頭市場嗎？我們將 2001 年 2 月份網路泡沫逃命反彈的高點加上 7 年，大約接近 2008 年 2 月份會見美股波段高點，反轉進入大熊市，接下來另一波歷史性高點可能會出現在 2015 年 2 月份。一般散戶看不懂週期循環的原因，通常只是看到錯誤、不準確的那一面，卻忽視有用的循環軌跡，分析行情往往需要藝術家的眼光，中間帶點樂觀派的思想，許多難解之事自然會迎刃而解。

　　就在回家的路上，發傳單的小妹遞了「信耶穌得永生」的字條來，感應到傳單上有強烈的磁場正與我產生共振，便找機會聊上幾句，得知她對理財深感興趣，順手遞了一本《數位操盤》給她，指著「信華仔得 Money」對她說道：「歡迎妳也加入我們的行列！」便裝酷轉身離去。回家後，對著剛剛拿到的傳單說：「倘若我的金融預言書能夠準確無誤的話，連上帝我也信。」

　　一週後，十年沒見面的大學同學突然打電話來。由於是高職生直升國立大學，對於愛炒股不愛唸書的我來說是一大考驗，就讀大一的第一天，別具慧眼挑選這位上課認真、勤作筆記且會整理好給我看的好同學，那種感覺像是《棋靈王》中的進藤傻乎乎地遇到了塔矢亮，進而把對方嚇一跳。當時我不確定是否為此人，僅是順著天意，在認識的第二天一起吃飯聊天，直接切入主題：

　　「欣翰，別氣餒！明年你就會讀醫學相關科系，跟心愛的她見面，然後早婚。」不自覺把潛意識得到的訊息說了出來，洩了天機。

　　「你……你怎麼知道我內心正在想什麼？」訝異的眼神注視著我。

　　「我是隨便猜的。」

「也猜得太細膩了吧！算命並不是這樣算的。」

無法控制脫口而出，不小心洩了天機，趕緊瞎掰一下，盡速轉移話題。

「這是從你頭上那根白頭髮所看到的因果。對了，你高中是什麼學校畢業的。」

「白頭髮？屁啦！你不是很會猜？從我後排數來第二顆蛀牙看到了什麼？再猜一次看看。」

「以你出眾的外表，幸好有這顆蛀牙幫你擋災。聽我的話，千萬別拔掉它，牙洞愈大代表愈有福氣。從此顆蛀牙來看，你應是前三志願的。」有事相求，只好吹捧他。

「是建國中學。」很慚愧的回答著。

我心想：「賓果！就是他沒錯！」每當上完微積分，隔天會主動把筆記整理好遞給我，雖然考試分數有時比他高，但仍不計較的幫助我。也因此我才有多餘時間將股市數據整理在 Excel 軟體上，日後寫成一本金融預言書。可惜的是，大二他真的降轉至優質的醫學相關科系去了，十年後的今天才又通上話：

「華仔，有朋友要找一些人去參觀教堂，我身邊沒什麼

朋友，感覺你很神奇，不知下禮拜你有沒有空？」

我想都沒想就答應了，畢竟這已在我預料之中。隔一週親自跟老同學到中和一家基督學院走一趟。再見面時，他已是使君有婦，同學老婆吵著要一塊吃便飯與金融預言師作者見面，我知道她想要什麼，鐵口直斷說：

「想買房子當包租婆嗎？」

「嘻嘻，你怎麼知道？但不知該如何下手？」

「板橋有四鐵共構比較會漲，只要價格合理就買吧！房地產會大漲至 2014 年。我知道妳會一直想買房子，但屆時再有錢也不要買。」

「什麼是四鐵共構？」

「就是高鐵、台鐵、捷運以及客運車站，且附近有萬坪公園及大型廣場。我從小在這裡長大的，有可靠消息，附近的釣蝦場等閒置土地已陸續被收購，準備蓋百貨公司。蓋好後，鄰近房價會用噴的。」

「哇！太好了，我會注意的。」

當我一走進教堂，心情就不自覺的平靜下來，聖潔的氣

氛，讓人不論腳步或音量都會自然放輕。走著走著，老同學突然問我：

「華仔，最近有何特別靈感的數字嗎？」

「嘿嘿，要明牌問我就對了，前一晚三太子託夢跟我報幾組號碼，連簽三期，小玩即可，三期沒中就收手放棄吧！」

「太好了，回家後我會拿給一位好朋友參考。」

幾天後上網查一下六合彩中獎號碼，發現連一組號碼都沒開出，害朋友賠錢，心中感到非常內疚，便對著電腦螢幕說了一段話：「日後別再報號碼給我了，缺少那四成算牌的實力，光靠六成的運氣與福報，怎麼能有效預知開獎號碼呢？」隔幾天老同學突然打電話過來：「第三期開出三組號碼，可輕而易舉中三星，可惜朋友忘了簽牌。」叫我日後若有浮出號碼，可推薦給他們家人參考，不用擔心報錯牌害到人，畢竟平常會做好資金控管，即使沒中，賠錢也相對有限，並不會影響到生活家計。

此時我才恍然大悟！原來買樂透也需要資金控管。常聽人們說：「不要沉迷於六合彩，那是在賭博，因為中獎機率實在太低了，終究會輸到傾家蕩產。」這句話似乎要修正一下，不是六合彩使人傾家蕩產，而是自己不懂得資金控管的關係；不是股市投資使人傾家蕩產，而是買賣的人沒有嚴格

控管風險，反倒被咬了一口。我初入股市前幾年也有多次面臨破產的危機，原因就是沒有適時處理虧損部位，攤平不成差點躺平被抬出去。因此，投資除了贏要衝，輸也要懂得縮，才能持盈保泰，唯有正確的資金控管，才有實戰價值。

國際指數行情規劃	指數 預期空間	主流商品	期間投資 策略
一.美科技指數 NASDAQ 2006 年 10 月～ 2008 年 2 月	上漲 80% ～ 120%	高科技 半導體	投資美國高科技 股票型基金或作多 台灣電子類股
二.台灣加權指數 2007 年 2 月～ 2007 年 7 月	上漲 30% ～ 50%	先漲傳產 再漲電子	作多股票
三.台灣加權指數 2007 年 11 月～ 2008 年 3 月	上漲 30% ～ 50%	先漲電子 再漲傳產	作多股票
四.台灣加權指數 2008 年 4 月～ 2009 年 8 月	下跌 30% ～ 40%	輪留落底	零持股空手觀望
五.紐約黃金 2009 年 3 月～ 2012 年 1 月	上漲 60% ～ 120%	貴金屬	購買黃金條塊 或黃金存摺 投資黃金基金 與黃金期貨
六.台灣加權指數 2009 年 9 月～ 2010 年 4 月	上漲 50% ～ 80%	輪漲	作多股票
七.美科技指數 NASDAQ 2010 年 3 月～ 2011 年 10 月	下跌 40% ～ 60%	科技蕭條	零持股空手觀望
八.台灣加權指數 2011 年 12 月～ 2014 年 3 月	上漲 100% ～ 150%	三通、 內需、 中國概念股	作多股票

上表是 2006 年《數位操盤》第 33 頁國際指數西元曆，也是全書最精華的一部分，現在看來幾乎是完全印證。其中第二點，台灣加權指數大漲至 2007 年 7 月份，刻意將 8～11 月的閃崩行情給省略，直到行情接近轉折之日，才在聚財網開一篇新的主題文章：〈2007 年 8 月份全球股市即將回檔修正…〉。

💹 如圖有三個週期循環推測出來的高點轉折，股市見高隨後展開一波下殺。

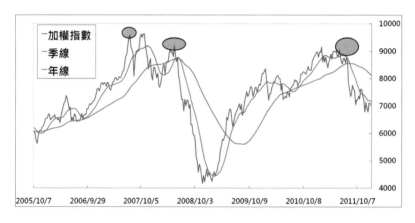

全球股市經過 2007 下半年的終極殺盤，隨後展開一波逃命波，書中特別把股市未來兩次比較容易崩盤的時間點給規劃出來，希望投資人看到後能懂得避開風險，分別是事後全球公認的 2008 年金融大海嘯，以及 2011 年的歐債風暴。但為了讓更多人避開股市下跌的風險，趕在股市崩盤前出版《專業操盤人的致富密碼》，主要針對 2008 年即將大崩盤的

全球股市，做更細膩的行情規劃，對於只會作多的投資人來說，只要避開這兩波熊市洗禮，操作上將如魚得水。

　　宇宙千變萬化，科學家精算出我們所認知的學問不足全部的5%，所以凡事我們寧可信其有，對自己總是有利無害的。數字是自然界的共同語言，我們周圍的事物可以用數字來表述，經由排成時間序列，再將它轉成圖像，就會變成某種模式，所以自然界存在著許多模式，例如疾病傳染週期、太陽黑子週期、大海的潮汐變化等等。那麼股市呢？這個全球經濟系統更需要龐大的數據來量化統計，眼前股價的變動也有其運作模式，它使得幕後無數雙手和腦在勤奮地努力工作，並且每年有90%的人都甘願來這裡做白工，甚至散盡家財。這裡是個巨大的神經網絡，並帶著無形的生命在叫囂；它是個有機體，一個自然界看不著、摸不著、吃不著的有機體，卻可讓從事金融交易的投資人，時而興奮、時而沮喪。在股市的背後也有一種模式，其實規律就在我們眼前，只是需要找到著眼點才能看得懂。人們經常視為混沌的事物，實際上遵循著精妙的行為法則，只有少數清靜無為的人，得以看清事物的本質。我們要不斷地克制欲念，心神寧靜便能感受這巨大神經網絡的生命意義，進而看清大自然的運作模式，並從中獲取利益。對預言師來說，「休息」是工作的一部分，只要遠離市場一段時間，即能看透市場。那些每天守在市場的人，會像螞蟻被市場出現的細枝末節所左右，進而迷失了方向。

　　由於準確預測到 2008 年的金融大海嘯，將其加上 7 年之後，預計 2015 年下半年，全球股市將再次驚天動地，隨後是 2022 年。為了趕在崩盤前出書，幫助有緣人避開風險，由千手觀音指示，務必準時在 2015 年 5 月 15 日出版金融預言書。但時間緊迫，內容不夠充實，便以限量 368 本發行，讓搶購的網友加入 LINE 群組，有投資問題可即時與作者對答。

　　2014 年底，寫好《華爾街預言師》限量版草稿，首先遞給千手觀音看，千手上了住持的身，像機械人目不轉睛，每隔一秒翻閱一頁，等我逛完夜市返回就看完了，見狀立即尋問有何要修飾的地方？

　　「哈哈哈，眾神說書名取得不錯！」

　　「書名的副標我只聯想到金融神通之類的，不知有何高見？」

　　「翹楚金融神通，初入股市那段寫得很好。整體內容可再精簡，不要拖泥帶水。你無意間流著淚水是正與神靈交流時所流下來的。」

　　「怪不得小時候時常流眼淚。那麼，金融預言書明年中上市，主攻 2015 年 8 月份見股市大崩盤低點轉折。」

　　「先求準，低調出限量版，日後公開面市會浮出檯面，

想辦法避開鏡頭。這盤下半年跌下來勢必會驚天動地，但細節三官會再通知你。另外補充父老過去行善的歷程，來突顯你們家的福氣。」

　　一直想不透，家族又沒有錢，父母親以及阿公那一代能做出什麼善事呢？巧的是，隨後父親接到遠房親戚來電，告知阿公的兄弟姊妹早期幫「楊家將」捐錢蓋廟，土地增值陸續變現分到多筆可觀財富，現今各個是億來億去的好野人，唯獨阿公沒錢分，便一探究竟。原來阿公上面幾代生活富裕，阿公的爸爸入贅於當地楊家大地主，有自己的田可種，上一代認養小孩回家，幫忙耕種。阿公是個忠厚老實的讀書人，從不管田地的事，後來土地越來越有價值，為了分祖產，外面收養回家的養女轉姓楊，養女去戶政偷偷修改楊家女兒是出嫁出去的，因此分不到祖產，日後也不讓阿公拜祭楊家祖先，上演乞丐趕廟公劇情。阿公一向不計較錢財，便默默離去。母親接著說：

　　「日據時代，大家在混口飯吃的時候，你阿公忙著造橋鋪路。等到戰爭結束，大家搶著賺錢的時候，他仍舊在造橋鋪路，繼續做白工，深怕路過的人們跌倒。」

　　「吼！二戰結束後是最好賺錢的時機，阿公真笨，難怪我們這麼窮。」我開玩笑的說。

「你爸則是中正紀念堂新建時捐了一筆錢，得到一張金獎狀，看他得意洋洋的樣子，家裡都沒飯吃了，還有錢捐？當時被我罵破頭了。當廚師免費在大學授課，問他教大學生能賺多少錢？沒錢拿還開心地講古給我聽，真是快把我給氣死。」

由於沒有分到祖產，我們家族從阿公傳承下來窮了三代。雖然窮，但各個腦筋清晰成就一番事業，像我從未出外工作過，整天在家睡懶覺即能完成金融預言書。我想菩薩要藉此告訴世人，不需擔心今世所受的委曲，未來必定會加倍奉還給我們，福祿壽是可延年子孫的。所謂偏財運勢，除了過去做了某些善行，得到福氣所形成日後投資報酬率之外，也包括過去式該是我們的，卻從中被偷走，也將形成日後的偏財運勢。這一世來不及得到，將由後代子孫接收。因此，我命盤裡享有偏財運勢，一部分是阿公那一代傳下來的，佛母指定我要傳承下去，代表後面還有很多好康的。

限量版定稿前，三官大帝特地前來託夢，告知 2015 下半年股市崩盤的波動變化：「由於已聚才智之精神，此時務必要有破釜沉舟的勇氣，方能翻身致富。你過來看看……。」一位男道士指著桌上的天書給我看。看到圖表中的數字與曲線圖，並沒有文字的敘述，但我知道往上暴衝的 40 數值代表「波動率」，另一張圖表是往下急跌的大盤走勢，不久大盤又 V 型反彈上去。得到如此清晰的畫面，凌晨起床立即畫出

天機圖,並趕在 2015 年 5 月 15 日出版《華爾街預言師》限量版,第 152、154 以及 155 頁的內文圖表如下:

● 《華爾街預言師》限量版 152 頁圖表

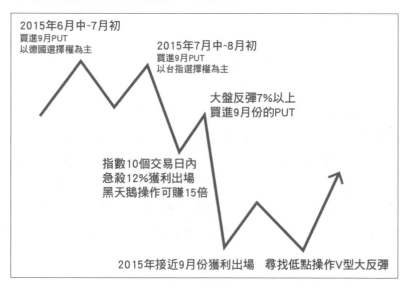

2015年6月中~7月初
買進9月PUT
以德國選擇權為主

2015年7月中~8月初
買進9月PUT
以台指選擇權為主

大盤反彈7%以上
買進9月份的PUT

指數10個交易日內
急殺12%獲利出場
黑天鵝操作可賺15倍

2015年接近9月份獲利出場　尋找低點操作V型大反彈

　　154 頁內文,假設行情預測趨向於正確,則全球股市下殺到一個段落、月線乖離率來到 -10% 以下時,配合大盤成交量進一步萎縮,便有機會展開 V 型大反彈。在經過一段急殺的低檔區,此時恐慌指數很高,波動率數值可能會來到 40,選擇權相較貴了許多,有幾種操作策略可提供我們獲利,例如:1. 賣出價外 PUT 獲取利潤;2. 作多電子股;3. 買進 10 月或 11 月份的選擇權來獲取暴利……等等,請參考下圖。

⚋ 大盤將 V 型大反彈，限量版第 155 頁圖表。

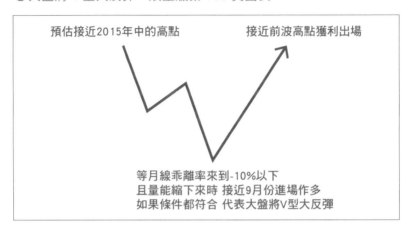

⚋ 2015 下半年股市大跌，波動率來到 40 之上，隨後 V 型大反彈，真是驚天動地。

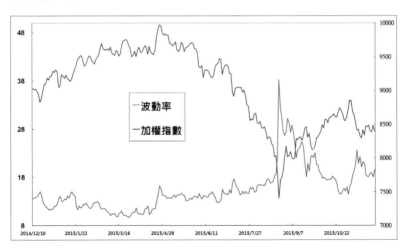

● 股市在過去間隔幾個七年中，2000、2007、2014 年見高後，隨後有明顯的 ABC 波下殺，並在隔年底見低點。

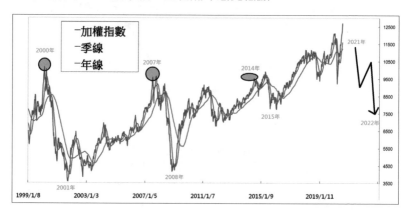

● 加權指數七年週期循環；我們將每隔七年股市的走勢圖，分別繪畫出來，即能看到天機。此循環目前持續進行中，尚未變形。按照這個規律，推測 2021 年股市見高後，隨後會有大 ABC 波下殺至 2022 年底。此波大熊市，等級不輸 2008 年的金融大海嘯。

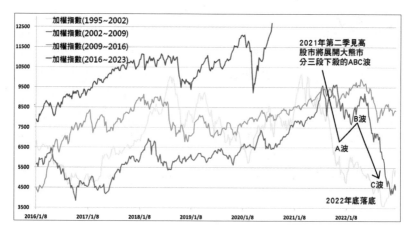

　　預測行情就是這麼簡單。2016 年美國大選結束後，原本不懂股市的人，突然間都成為股神了，因為他們有美國總統川普的 Twitter；而想事先掌握未來，卻無法攀龍附鳳的投資人，則必須擁有華仔的預言書。

　　常聽人們說「7」是個幸運數字，卻沒有人知道如何運用它。7 的倒數為 1 除以 7，等於 0.142857142857……，小數點後面的 142857 不斷循環著，有 2 的 0～3 次方以及 5 和 7 的一次方數字，這些數字跟經濟循環有莫大的關係。金融市場除了 7 年週期循環之外，由於跟 2 有關的數字頻繁出現，此時發現將週期循環的倍數關係，逐步向外擴散，能看清行情的原始面貌。例如 7 年的倍數循環有 7、14、28、56；7 年半的倍數循環有 7.5、15、30、60；2 年的倍數循環有 2、4、8、16、32、64；5 年的倍數循環有 5、10、20、40、80……等等，當找到週期循環的基準點，每個數字向外延伸 2 倍，能看清大級數的循環週期，直至模糊不清即停止延伸。在這些神秘數字中，以 4、5、7、8、10、14、16、20、30、32、60（年），與金融市場連動性較高。若投資人能交叉靈活運用，找到共振點，可趨於精準預測未來，其中包括股票市場、黃金、匯率、農產品、石油、債券、利率以及畜產品的大概走勢。然而，週期循環每隔一段時間就會變形，影響到預測的準確性，此刻就在考驗我們的耐心。這些實務上的運作方式，將會詳細寫在《華爾街預言師（下冊）》，弟子們可利用 LINE 群組線上即時教學，作者將從學員中篩選出得意門生接續下一本著作。

$ 金融戰爭的蝴蝶效應

熱帶雨林中的蝴蝶搧動翅膀,可能引起美國德克薩斯一場龍捲風。一個錯誤的微小交易機制,如果不及時引導修正,將會給國家帶來非常大的危害;一個有效的微小交易機制,經過長時間的努力,日後將可造福全世界。倘若投資人能把蝴蝶效應善用在金融行情規劃上,將可幫助我們預測未來金融行情的變化。

當初始條件已經形成,預測蝴蝶效應的最終結果則是一種跳躍式思考,需要多一點想像力才能領悟得到。最初的變化與最終的結果,兩者看似毫無關連,但經過長時間演變,彼此卻緊緊相依,沒有最初的條件形成,就不會有最終的結果,所以兩者彼此是有因果關係的。例如,沒有細胞就不會有人類;沒有電燈泡的發明,就不會有智慧手機;沒有經過累世修行成果,就不會有這一世機智過人的腦袋。我們這一世有何優點,許多是過去式取得法寶,如今才能順利施展出來;相對的,這一世有何缺點,對於某些事總是少根筋,因而受苦受難,亦是過去做了某些事,失去智慧所促成的。

假設初始條件到最終結果共有十個步驟要走,則相依的兩個步驟所形成的條件會非常相近,彼此容易產生「共振效應」。共振是指兩個振動頻率相似物體,當一個發生振動時,引起另一個物體振動的現象,共振在樂理中亦稱「共鳴」,

它指的是物體因共振而發聲的現象。盪鞦韆如何能夠盪得高？需要配合鞦韆擺盪的韻律性，在向下擺盪順勢中施以輕推之力，「順勢」與「輕推之力」兩者方向一致即可產生共振，讓鞦韆擺盪幅度變大，這就與共振的原理相似。而當地震發生時，地震波與大樓高度的共振頻率相似時，就容易有倒塌的風險。通常 10～12 層的大樓高度易與地震波產生共振，每當左右搖擺幅度到達極限，地震波此時會再順勢將高樓推一把，整棟樓擺盪幅度超出極端值，便造成倒塌。此時鄰近住家房子沒倒，唯獨倒這一棟，難免會有偷工減料、違規等說法，但共振效應造成該棟樓倒塌，亦是一項重要的原因。

金融市場如同宇宙，有短、中、長期迴圈，這些迴圈互相重疊，令市場發生變化莫測的波動。金融市場的波動與內在週期性因素，來自市場時間與價位的「倍數」關係，當市場的內在波動頻率與外來市場推動力量的頻率，兩者產生倍數關係時，市場便會出現共振關係，產生向上或向下的巨大作用。例如，當時間週期中的短、中、長期週期，交會到同一個時間點，且方向相同時，將產生向上或向下共振的力量。共振可以產生趨勢，而這種趨勢力量一旦產生，威力極大，能引發人們的情緒和操作行為產生一面倒的情況，向上時人們情緒高昂、蜂擁進場；向下時，人人恐慌、股價狂瀉，如同遇到世界末日。一旦操盤人擁有金融市場的共振器，即可事先預知股價未來的種種波動，知道將要大幅度上漲或是下跌。

　　一般投資人若想得到金融市場的共振器，首先要找出影響全球金融市場波動的最主要元素。有些人認為是美國股市，有些人認為是大陸股市，甚至認為這兩者的平均數對國際金融市場影響力很大，只要美股與陸股同時大漲，全球股市就容易產生共振，進而影響到全球股匯市行情。其實，這兩項皆不是影響金融市場波動的主要元素，多數人看前晚美股大漲，隔天就跑去追高亞洲股市，長期容易讓自己深陷追高殺低的風險。要跳脫這種較低層次的操作手法，得先找出影響全球股匯市走勢的最主要關鍵。當首要元素大漲時，接著會影響到第二組元素的漲勢或跌勢，再逐漸擴散到第三組、第四組，進而形成全球金融市場的蝴蝶效應，且當前面兩組產生共振時，會讓人們有充裕的時間進場，不需在追高殺低的情況下，即能穩健承接到下一組元素，如此才足以當領先金融市場的共振器。

　　長期而言，美元指數的巨幅波動，深深影響金融市場的擺動結構，並產生金融市場的蝴蝶效應，因此，美元指數乃是首要元素。當美元指數產生巨幅波動時，它可決定金融市場的擺動規模有多大，包括全球股市、貴金屬、匯市、石油、債市、商品期貨、甚至各國的房地產行情……等等，都深受美元指數的影響。美元指數就像天空中一條飛龍的龍頭，當龍頭開始轉向時，緊接著龍身以及龍尾也將隨之擺動。

　　舉例而言，美元指數在 2002 ～ 2012 年長期走空時，全

球金融商品的輪動格局可參考如下：

1. 剛開始國際黃金價格會提前見低點，並領先上漲一波段。

2. 接著由於確認美元回跌的關係，日幣會先行大漲一波，隨後再帶動英鎊升值。

3. 小型貨幣英鎊上漲一波之後，即會牽動大型貨幣歐元跟著升值，而澳幣通常會扮演落後補漲的角色。

4. 當各大廠商眼見黃金、歐元紛紛大漲，便轉向買進跟美元逆向走勢的原物料商品來保值，連袂帶動原物料股票大漲，包括台塑、中鋼、水泥以及造紙類等股票。

5. 此刻小麥、玉米、黃豆等農產品價格可能仍在低檔區徘徊，以致農產品大盤商開始蠢蠢欲動，想在選擇權裡動手腳，大量佈局短期看急漲 CALL 的選擇權，然後再急速拉抬現貨價格，創造十倍數獲利。只要符合上述 1～4 項的輪動結構，便可事先酌量佈局未來 3～6 個月到期的選擇權。因為農產品的特性，一旦漲勢發動，有如火山爆發，幾週之內噴漲 50％以上是常見的主力手法，而此時操作選擇權會有 30 倍以上的獲利機會。

6. 由於原物料、商品期貨紛紛大漲，送貨的將接到大筆訂單，帶動運輸類股票大漲一段。賣油的供應商只好趁機卡個油，蓄意製造庫存不足、原油短缺、全世界石油快用完，進一步帶動全球油價走高。

7. 眼見所有與美元下跌有關的原料類股紛紛大漲，投信基金
   以及投顧公司開始錦上添花，推薦大漲一波的金融商品給
   不知名的投資人。看到新聞的散戶很快認同理財專員的說
   法，追高買股票以及基金。

8. 美元長期持續走空，導致金價、歐元、原物料股、商品期
   貨以及原油價連鎖大漲，代表有通貨膨脹的隱憂。

9. 為了抑制物價快速上漲所帶來的通貨膨脹，美聯準會決定
   升息或提高賦稅來讓美元上漲，以壓制歐元來嚇阻消費者
   的購買能力。買氣一旦下降，物價自然不易上漲。

10. 聯邦基金利率一旦被調高，歐洲及亞洲的利率也會偏向
    跟著調高，各國政府發行的債券自然易跌難漲。

11. 從債券流出去的資金，部分會進入房地產，由於建商的
    原物料成本連袂升高，只好調高房屋以及土地售價，帶
    動了資產、營建類股票大漲一波。

12. 落後指標的營建類股價紛紛向上大漲，剛盤完頭的科技
    類股票，如 IC 半導體類股，波段上漲已達到頂端，正準
    備回檔修正。

　　小時候想學好數學，必須先背好九九乘法表；想瞭解金
融市場脈動，必須先看懂國際匯率的走勢。因為一群外資會
把大筆資金匯入他國，首先是看好該國的匯率會升值，然後
再考慮是否投入該國的股市、債券或房地產。因此，投資人

只要先搞懂全球經濟火車頭美元的方向，間接就能領悟全球
金融商品往後的輪動格局。但人們剛開始總是先學會如何買
賣股票，在投資學來說，個股的操作策略算是最細微、最難
懂的一門科學，畢竟內線交易的陷阱實在太高了，在這種盲
目的情境下，將會變成賺錢的時候，只是覺得自己很幸運；
賠錢時，也會莫名其妙全吐了回去，有種見樹不見林的感覺。
學習是有先後順序的，找出火車頭，最後再來研究個股的基
本面，投資較能上手。屆時我們在火車裡，將會看到列車上
連接數個未來時空背景的獲利契機。以上是 2002 年～ 2012
年期間，美元指數長線走空時，全球金融市場蝴蝶效應所形
成的輪動格局，可參考下表。

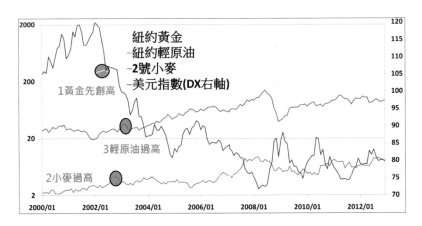

輪動順序	美元指數長線走空時	輪動順序	美元指數長線走空時
1	黃金、日元上漲	9	CRB 商品指數上漲
2	能源概念股上漲	10	玉米上漲
3	航運、塑化原料、鋼鐵股上漲	11	輕原油上漲
4	金融營建股上漲	12	30 年債券殖利率上漲
5	科技股上漲	13	30 年債券期貨下跌
6	生化股上漲	14	房地產回升
7	英鎊升值	15	聯邦基金利率調升
8	歐元升值		

　　一旦美元長線走多時，可先參考《專業操盤人的致富密碼》155 頁美元指數的天機圖。在 2007 年就已事先預測 2012 年底起，美元將帶領美股一起走向長多之路，而有關各金融指數未來輪動結構的詳細走勢，可參考下表。

2017年第一季

2007年出版
《專業操盤人的致富密碼》
第155頁美元指數天機圖

2016/10/21~11/25

2015/7/17~8/14

2016/11/18~12/24

2013/8/6~9/13

2016/3/18~7/22

2015/1/6~2/14

2012/10/12~12/17

輪動順序	美元指數長線走多時	輪動順序	美元指數長線走多時
1	黃金、日元下跌	9	CRB 商品指數下跌
2	能源概念股下跌	10	玉米下跌
3	航運、塑化原料、鋼鐵股下跌	11	輕原油下跌
4	金融營建股下跌	12	30 年債券殖利率下跌
5	科技股下跌	13	30 年債券期貨上漲
6	生化股下跌	14	半導體回升
7	英鎊貶值	15	聯邦基金利率調降
8	歐元貶值		

下列情況也可能引發共振現象：

1. 當長、中、短期移動平均線交會到同一價位點，且方向相同時，將產生向上或向下共振的價位點。
2. 當 K 線、均線、成交量、KD 指標、MACD 等多種技術指標，均發出買入或賣出信號時，將產生技術分析指標的共振點。
3. 當金融政策、財政政策、經濟政策等多重政策方向一致時，將產生政策面的共振點。
4. 當基本面和技術面分析方向一致時，將產生股市分析的共振點。
5. 當某一上市公司基本面情況、經營情況、管理情況、財務情況、週期情況方向一致時，將產生這一間上市公司的共振點。
6. 當電視媒體、平面媒體、電台廣播同一時間出現利多或利空消息面的報導，將產生媒體的共振點。
7. 當預言師預測未來的結果，同時間跟高靈們看法一致時，則會產生預測能力的共振點。

　　共振並不是隨時會發生，而是有條件的，當這些條件滿足時，可以產生共振；當條件不滿足時，共振就不會發生；當部分條件滿足時，也會產生共振，但作用力較小；共振的條件滿足得越多，威力就越大。有時候已經具備了許多條件，但是共振沒有發生，則是萬事俱備、只欠東風。

　　然而上述第 6 點則是屬於落後的一項共振指標，幕後黑手會先行進場卡位，然後再集結媒體的共振力量，影響金融行情，進而從中獲取黑心錢。投資人若時常看電視來買賣股票，容易陷入追高殺低的陷阱，倘若長期要從股市中獲利，則必須遠離大眾媒體的報導，獨立思考，對操作將有很大的幫助。回想華仔投資最賺錢的時期，正是就讀大學、在外住宿過著沒有電視的生活，當時操作認股權證，利用自己製作的股市共振器，預測短線行情的轉折點，精準度相當高。

　　我們都知道，農曆 15 日的月亮會是當月最圓的，海水容易發生大潮現象，這是月亮的引力所造成的。而當太陽、月亮和地球處於同一直線時，這種大潮才會發生，其實這也是一種共振。既然太陽、月亮和地球的位置可以引起大潮，那麼他們的位置是否也可以影響人們的操作情緒和行為呢？我的回答是肯定的。總之，共振是使股價產生大幅波動的重要因素，投資者可以從短期頻率，推廣至其倍數的關係。金融市場的外來因素是從大自然以及地球季節變化的週期循環而來，共振是一種合力，是發生在同一時間多種力量向同一方面推動的力量，一旦找到這個點，將可獲得巨大利潤和迴避巨大風險。

　　在金融操作當中，經過 30 年多來的體驗，價格預測運用在操作上並沒有多大的幫助，畢竟投資著重的是「時機財」，人們只要在對的時間點進出，即能有效獲得利潤，即使買進

的價位偏高，時機正確仍有利可圖；相反的，雖然買到短期低點，但時機不正確仍有破財的危機。因此，影響我們投資成敗的重要關鍵因素往往跟「時間」有密切的關係。繼《征服金融大海嘯》126 頁成功預測黃金 2012 年底將見歷史高點反轉，依近年來的政經情勢以及股匯市的發展，美元非常有機會走出十年大多頭，因此長線勢必引爆新興市場的房地產、股匯市以及油價連袂重挫，引發全球性通貨緊縮。我們已在 2013 年初見證到黃金的崩潰、2014 年底石油的崩盤，大多數原物料都下跌崩盤了，由於建造房子的成本降低，接著準備迎戰的是房地產重挫、法拍潮以及金融風暴等，這是先前「購屋海嘯」退潮之後，終將面對到的戲曲。由美元狂升引起一連串的金融危機，這場金融戰爭最終的得利者將是手中持有龐大美元者，因此，我們不得不懷疑這是阿度仔的陰謀。

當找到金融市場的共振器，並準確預測美元長期走多時，往後的預測幾乎是百發百中，如同 2010 年出版的《征服金融大海嘯》封面的九大預言。遺憾的是，原先預測 2018 年底的大瘟疫來晚一年，以致全球利率調低以及大量失業潮晚一年才發生，當時預測的主軸是以 2018 年底將發生大瘟疫，詳情在《專業操盤人的致富密碼》第 158 頁，沒寫在封面是因為感覺太血腥了，1918 年西班牙大流感造成全球近 5 千萬人傷亡，現今人口更多，傷亡人數豈不是要更多呢？但考量現代醫療與資訊的發達，應該不會像 100 年前那麼嚴重才對。

● 2010 年《征服金融大海嘯》封面

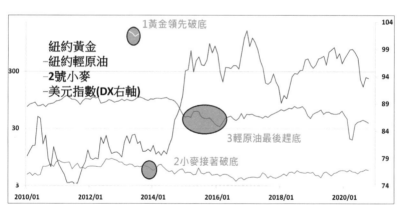

引導投資人透視未來 華仔

2010～2011年全球股市回檔修正

2010～2014年美國農產品進入多頭市場

2012年加權指數將攻佔萬點關卡

2013～2017年美元走強，黃金將暴跌

2014年加權指數即將突破12682

2014年石油價格將遇見另一次高峰

2014～2017年沉淪已久的中國股市將風起雲湧

2017～2018年全球利率迅速走低，債券即將飆漲

2017～2021年全球失業率飆高，房市步入空頭市場

1黃金領先破底

紐約黃金
-紐約輕原油
-2號小麥
-美元指數(DX右軸)

3輕原油最後趕底

2小麥接著破底

$ 預言師驚魂記

死亡是人生的終點，另一個世界的起點，經過審判決斷下一世轉世投胎的命運。許多人對地府懷有恐懼之心，因為它就是我們人生的審判者。

筆者幼兒園時期有個特殊的夢境，夢裡有位白髮蒼蒼的老人家，手裡拿著拂塵，帶著我入夢，眼前景象有如藍天白雲密佈，而我自己穿著肚兜含著棒棒糖，相當新奇有趣。此刻，突然望見前方有個三合院，這位老人家指著那裡要我記住，以後有事可以回來找祂，接著「咻」一聲就消失不見了，不久我就從夢裡醒過來。當時我並不知道那一位是誰，猜想應該是家裡拜的土地公吧！可是長得又不像，家人說土地公手裡是拿一支福德筆，記錄每個人的福德用的。相隔大半年，在電視上看西遊記的相關戲劇，才發現手裡拿拂塵是太上老君，電視上的穿著跟我夢見的一模一樣。但是為何會與太上老君有緣分呢？當時仍舊是一頭霧水。

這個夢境相隔 30 年後才逐漸有些眉目。第二本預言書《專業操盤人的致富密碼》順利面市後的某一天，早晨 5 點多，左側睡，睡到一半身體在床上平移 180 度，以為是大哥在戲弄我，但等到把身體移往房門口的時候，看到眼前一位穿著白色古裝的女性站在我面前，腰部有漂亮的銀白色花紋，像 NIKE 球鞋的圖案，當時我會錯意了，以為壽衣也有

名牌貨。我開始唸法號：「無極瑤池金母大天尊、南無觀世音菩薩、南無地藏王菩薩、南無阿彌陀佛、南無清淨大海眾菩薩、三官大帝、主耶穌、阿拉……」唸的出來的都唸完了，對方不為所動，最後心裡默唸心經、大悲咒等經文，但好像都無效，趕也趕不走。不久，冒著冷汗硬是爬了起來，走到客廳透透氣。很奇怪，明明手指帶著玉戒來避邪，擁有神通護體，為什麼這些無形敢靠近呢？真的很累，暫不管它了，隨後又昏昏入睡。

夢裡跟著許多長髮白衣人一起走進教室內，而我是最後一位大搖大擺走進來的，身穿黃袍馬褂，得意揚揚的樣子。看到幾位帶有官職帽的古裝人站在前方，約 30 來歲的書生模樣，身穿紅衣、戴黑帽，手裡拿著生死簿，烏紗帽上有「判官」兩個字。判官的職權到底是什麼？心想應該跟法官有點關聯吧！當下並不是很清楚，但看著判官依序強勢反問著前面幾位問題，十個有五個一直問：「我怎麼死的？」我已聯想到地獄、閻王了。

「我真的死了嗎？怎麼一點印象都沒有。」

「我怎麼死的？怎麼一點印象都沒有。」

「我是猝死、服安眠藥、意外還是瓦斯中毒死的？」

「都不是，下一位！預言師你也來了，有什麼問題嗎？」

　　哇哩咧！我才 30 歲，寫完預言書就死了嗎？沒想到世人說的是事實，天機真的不能洩露，那可是會短命的。剛剛前面幾位發問，判官總是敷衍帶過，都得不到理想答案，於是我猶疑思考一下，該如何發問比較妥當。終於，我想到一石二鳥之計：「我過去幾世到今世分別是怎麼死的？」

　　前方四位判官對我會心一笑，分別低頭仔細查了一下，很快就回答我所有問題：「你第一世是善財、第三世是白龍、第四世是通靈師、第五世是和尚、第六世是道士，這一世的任務是寫金融預言書來幫助窮苦人家翻身。每一世都是修行者，給你的任務都有完成，這一世才會有預知能力。」

　　「第一世是善財？此乃傳說中，觀世音菩薩身旁的善財童子嗎？」

　　「嗯！若沒問題，我們等等還要帶他們去別的地方，你要一起來嗎？」

　　望著身旁恐怖的白衣人，我只能吞吞吐吐、結結巴巴的回話：

　　「不…不去了。那我寫完預言書就算功德圓滿了嗎？」

　　「你回去做好這些事吧！任務完成就有機會脫離六道輪迴的命運。」

此刻才清楚明白我還沒死：

「怎麼老是出難題給我！等一下、等一下，我跟你們過去，還有許多問題要請教，先等我一下下……」

不知是時間到了，還是太過緊張的關係，就從夢裡醒了過來。原來是身旁的守護天使為了引我入冥界，求知前世今生的種種。起初以為是日有所思、夜有所夢，但夢裡的背景畫面、對話內容，誇張到難以想像。

母親清晨起床瞭解情況後：「在生你大姊前，同樣有位穿著白衣束腰古裝女，抱著一位女嬰走過來，問我喜歡這個小孩嗎？我以為是別人家的小孩，不敢亂回話，就隨便敷衍一下，直說很可愛。然後對方把小孩遞過來，此時我才明白這是等一會兒要生下來的女孩。」

「不要，我不要這個小孩……」

「不行，妳已經說喜歡了。」

「不要，家族壓力大，我不能生女的。」

醒來後，母親知道穿著白衣束腰的女高靈是白衣大士，也就是家中牆面上經常在拜的觀世音菩薩。母親繼續說著：

「不說還好，一說就一口氣讓我連生下四個女兒，第五個才是男生，最後不小心生下你。」

「幸好生下我，妳現在才可以那麼逍遙自在。」我下巴向上 45 度。

「少臭美了！」

「兄姊們長大後，勢必各自忙自己的事業與家庭，無心管你這老人家。唯獨我整天可以在家陪伴妳，幫妳按摩捶背。」我引以自豪的說著。

人們總是把大腦侷限在一種幻覺與幻象，但是幻象終究不會跟另一個世界產生連繫，正常人不可能預知未來，不可能憑空將一個東西折彎，也不可能擁有透視力。許多宗教人士面對我的預知能力，相信背後有一股無形的力量在引導我，不然不會屢次猜中股市的未來走勢。不過，這一回又有任務，並不想繼續走這一步險棋，我自個兒便把這一個夢境歸屬於幻覺與幻象，一下就忘得一乾二淨了。由於我一再裝迷糊，醒後總是把剛剛的夢境忘掉，以為這樣就不關我的事了，於是另一個夢裡故事情節出現了。

高靈裝扮成學生，謙卑地請教我剛剛那一部影片是在表達什麼？師者的責任是傳道、授業、解惑，此刻身為老師的我，理當要為學生解除心中迷惑，我很快解釋給學生聽：「那

是在教導我們，躲得了一時，躲不了一世；就算躲得了這一世，也躲不了輪迴的命運。欲求解脫，就要把所有債務還清。做任何事都要有膽識，先擬定好策略再來進行，凡事皆須謀定後動，才不會顧此失彼。計劃周詳就放膽去做吧！只要是對的事就不要猶豫不決，時間不等人的。」沒一會兒功夫，我如釋重負地從夢裡醒了過來，感覺渾身是膽，回想剛剛腦海裡的景象，觸動我對未來再一次充滿幻想。

人生就像一場大富翁遊戲，從無到有的過程總是令人大呼過癮。但是，想要跳脫這一場金權遊戲，卻是人生中最困難之事。隨著時間的演變，我們可能懂得掌握遊戲中的規則，變得比一般人富有，但終究無法擺脫擔任遊戲角色的宿命，始終停留在裡頭，面對生死輪迴，飽受皮肉之苦。出世做人本是苦，不管富有或貧窮人家，貧窮人整天為了三餐奔走；有錢人更煩惱，為了填滿比肚皮更大的窟窿，心靈會更加空虛，這比賺錢還難。在遊戲裡，第一次富有會令人感覺很有成就感，一直到第 10 次、甚至第 100 次富有就不算什麼了，反而會開始覺得噁心、痛不欲生。此刻若要跳脫這場遊戲，避開輾轉輪迴，只要選擇不搶著跟人們玩大富翁遊戲，在遊戲裡充分展現出奉獻的精神，教導前人如何翻身致富，讓原先貧乏困苦之人變得跟我們一樣富有，交接成功即可擺脫大富翁遊戲，進而讓自己遠離樂與苦的輪迴。但這並沒有想像中那麼簡單，人們一旦發現裡頭滿滿的金銀財寶，唾手可得，爾後還要靠它流傳給世代子孫，持續享受豐衣足食的生活，

怎麼會輕易地拱手讓人呢？與高靈界的師父聯手寫金融預言書，這一世如何當一位公正無私的「華爾街預言師」，正是我此刻所面臨的嚴峻考驗。

凌晨起床再次看到 4 點 44 分，入睡後沒多久，我很自然地又跪在玉帝面前，玉帝態度嚴肅的指責我：

「善財，你那並不是在做好事。」

「我能理解，不該跟主力群混在一起，幫他們擋災。」

「嗯，不過我還是要讓你『破』，來……」

心裡猜想著這次是「魄」還是「破」？隨即腦海裡印出「破財」兩字。這是 2007 年初的夢境，年底《專業操盤人的致富密碼》悄然上市，眼看著網友看了我的預言文章各個荷包飽滿，自個兒的投資卻陷入前所未有的瓶頸，膽子無形中被偷走了，變得有識無膽，只能以慌與亂來形容當時的心理狀況，明知未來金融局勢會怎麼走，就是沒有膽量去下單。像我這麼神準、知道未來方向的操盤人都無法從股市裡獲利了，將來一旦失去準頭，不知會變成什麼情況？

當操作陷入另一個死胡同的時候，我隱約想起先前通靈師、紫微斗數、易經老師以及陳董提醒過的話：「2003 年～2007 年操作要保守一點，現階段買房與寫書對你來說是最

好的投資策略。」這是諸位算命仙對我共同的建言。房子在 2003 年 SARS 結束前已買好了，預言書也真的公開上市了，就是有點不信邪跑去從事股市交易，現在回想起來，真是不見棺材不掉淚。如今，我又再一次沉淪股海，要如何擺脫這場困局呢？最後我決定持續報股市明牌，讓網友藉此獲利，也唯有這樣才能降低我的業障。

由於陷入谷底期的思緒從中作怪，我已不敢妄想未來有多美好了，似乎忘了 2008 年起將有幾十年大運，只是在一旁苦撐著，默默祈禱平安渡過人生低潮期。這時突然想起，年初過年在媽祖廟求過一支財運籤。媽祖是全台最具特色的民間信仰，而台中大甲鎮瀾宮於每年春天所舉辦、長達 9 天 8 夜的遶境活動，是台灣最盛大的宗教嘉年華會。因此，我知道媽祖滿有錢的，便開口向媽祖撒嬌要錢：

「媽祖，妳這麼有錢，能否分我一點？我有能力必會造福群眾。」

「笑筊。」主神感覺我的問題很好笑。

「可否讓我抽個財運籤？」

「聖筊。」便轉頭抽了一支籤詩。

「是這一支籤詩嗎？」

「聖筊。」

漸漸看此月中和
過後預防未得高
改變顏色前途去
凡事必定見重勞

　　白話文解說：事情會慢慢變化，但這個月還不致有太大的變化，然而過了這個月就要防患未然，不可好高騖遠，以免失望。你要改變一下作法，再向前途邁進，否則徒勞無功，白費心機。此籤在警告當事人要注意盛極必衰的預兆，不能不謹慎你的作法，以確保過去努力的成果。尤其不可因過去稍有成就，即擴張過速，會吃虧的。

　　轉眼間，這一年已快過去，年初的籤詩提醒過要小心操作，不可因為看好大盤，就信心滿滿押重注。當時大盤在7000多點，我看好7月份上萬點，但買的股票卻是弱勢股（聯電），陸續利用融資買了9000張，眼看年中大盤如期上攻萬點，指數最高來到9807點，聯電不但沒漲還盤跌了一小波，損失8毛立即全部停損出場，賠了近仟萬，剛好把先前幫陳董操盤賺來的第一桶金給吐回去了。幸好有停損，不然後面又是一大波，損失將難以想像。

　　就在投資陷入另一波低潮時，聽到一位女童在呼喚我：

「善童……善童……」

附近沒有人，感覺那是在呼喚我，這才回應她：

「是在叫我嗎？妳叫什麼名字？」

「我是大甲青童。」

「那我可以叫妳大童嗎？」

「嘻嘻！」

大甲青童笑嘻嘻牽著我的手，兩人開心地繞了宮殿一圈。中途聽到三姑六婆在一旁說三道四著：

「她兒子在外面表現怎樣？」

「過著奢侈糜爛的生活。」童子向長輩回報在外的狀況。

「哈哈！那暫時回不了家了。」三姑六婆幸災樂禍的說。

「死小子，給他太多錢，在外面就給我胡搞瞎搞。」母親傷心的謾罵。

不一會兒，大甲青童帶我走出門口，便自行走路回家。路上看見一位廟裡的女住持向我這邊走來：「這是大甲媽祖

送你的。」我順手接了下來，是一本金光閃閃的天書，翻了前面一小段，即能瞬間明白整頁大意，裡頭在教導我下一本預言書的下筆方式。隨即繼續往回家方向走，身旁播放著振奮人心的樂曲，我用一生的心血來築一個夢（副歌歌詞），一邊走身體一邊跟隨旋律舞動著，模仿麥可傑克森走起月球漫步、自信滿滿的樣子。路人看到這是大甲媽祖送給我的天書，各個充滿羨慕的眼神，紛紛跑來找我話家常。直到走到家門口，就從夢裡醒了過來。

夢裡美妙輕快的歌曲是我未曾聽過的，本身如有音樂方面的才華，醒來或許能譜曲作詞，成為「周杰倫」第二應該不是件難事。三姑六婆的對話，可能代表某些神靈的子女來到人世間轉世修行，過於迷戀大富翁遊戲，由於業力的關係，持續在天道、人道、阿修羅道、餓鬼道、畜生道、地獄道轉化不休，無法脫離六道輪迴。對於現在的我來說，人生在世最幸運的事，莫過於有眾仙佛前來教導投資祕訣，雖然從未去過大甲媽祖廟，但祂們仍舊沒有分別心。

於是我開始努力思考，為何明知大盤方向，上網預言股市行情，網友看了文章都能從中獲利，自己卻無法獲利呢？難道是當局者迷、旁觀者清嗎？就在此刻，第三本著作《征服金融大海嘯》已在腦海裡油然而生，章節裡頭的「異次元操盤法」告訴人們，交易者的心理素質才是投資獲利的不二法門。我們可能不懂營建產業專業的那一面，卻可靠買賣營

建股票而從中致富；我們可能不懂電子產業上中下游的細微變化，卻可靠買賣電子類股票而從中致富。反倒那些自以為是的專業人士，卻未必能從資本市場中得利。

其實，當我們在處理事情的時候，因為身陷其中，所以會有很多因素干擾我們做出正確的判斷，以致做錯了決定。旁觀者卻因為僅是參考預言者的依據來交易，所以可以用客觀的角度去做出較正確的事，並利用冷靜的心態來從事交易行為，只要預言者分析趨勢是正確的，即能讓觀看的網友從中得利。以上是個人心理層面從中作梗的原因，心境清楚明亮、不被外界干擾，較能做出正確的事。然而「信心」這個無形的力量，容易受外界的干擾而影響到投資決策，近而影響到操作績效，任何交易者若想長時間靠投資獲利，必須忍受孤獨，盡量少看電視、少接觸人群，只專注自己的研究成果，做出單一路線的交易行為，較能克服紛亂的思緒來交易。

有信心的人，通常果斷力強，心中僅有單一的捷徑路線，以致做任何事都很順暢、快速；失去信心的人，總是道聽塗說、人云亦云，小道消息太多，容易兵荒馬亂，最後弄巧成拙。然而自信並不是憑空想像出來的，除了需要基本的專業知識與經驗來做支撐外，尚需搭配無形的福報來當後盾，因此，「自信」是一種無形的力量，取決於因果法則，過去我們做了某些善惡之事，或者遇到某些善惡之人，都將影響未來投資的自信心，進而形成日後投資報酬率。因此，本身財

運不錯的人，孤獨是有助於保住好財運的；而時常進出醫院、碰到墮胎的父母、經過告別式場合、遇到放高利貸的黑心商人以及無惡不作的人……等等，心思無形中會受到干擾，導致日後投資虧損。

　　不可否認的，投資是一門很專業的學問，當機會來臨前，我們必須具備基本的投資技巧，才能在市場上與人較量，途中若是信心不足，將對投資造成很大的傷害。而自信除了個人與生俱來以外，也可藉由後天培養，例如靠平常投資獲利慢慢累積，或者時常與很有自信的人在一起聊天對話，也可以接收到他的信心磁場，那種感覺就像平常圍繞在我身旁的高靈一樣，輸送溫暖的氣息進到肚子裡，打個大哈欠讓身體裡的穢氣釋放出來，頓時使人清靜悠哉無煩惱，自然間讓我對未來投資機會有種莫名的靈感。反之，當我們連續幾次面臨虧損，或者遇到沒有信心的人，無形間也將降低自個兒的信心指數，膽子瞬間變小，屆時若還不懂得保守應對，後果真是不堪設想。

　　市場上絕大多數操作者的交易成敗，往往跟潛意識以及客觀環境的因素影響有關。有些贏家因為歷經太多大風大浪，意識型態都會變得過度「保守」，然後獲利開始縮水，年度績效一年比一年差。此時，如果只鑽研到技術的問題，而忽略心理的問題是缺乏「勇氣」，就不會察覺自己的保守投資其實有一部分是怯懦，也不會憶起當年的成功除了技術

正確之外，還要適時給予正確的勇氣。另一種則是勇氣十足卻毫無技術可言的交易者，這類型的人更容易陷入致富陷阱，往往會發生在交易員身上，整天沖進沖出，只為了賺取微薄的手續費，反正錢是別人的，我只要把量能沖出來，從中賺取回扣，以致賠的速度超乎一般想像。許多人致富以後，若不明瞭自己致富的因緣與機遇，就容易喪失智慧，終將掉入下一次的致富陷阱而前功盡棄。

善財古洞；跟隨佛母來到此地，此洞乃善財童子應化之地。

$ 千手之恩佛道雙修

千手觀音：「你的（筆者）三元三旨已開，靈感來至瑤池金母、千手之恩、三官的疼惜。此生任務在於寫金融預言書，幫助窮苦人家翻身。由玉帝下旨，眾神給你靈感，務必趕在空頭市場前出書，幫助人們避開股災，普渡眾生。」

金融操作在 2003 年～ 2007 年之間一度陷入死胡同，隔年又正逢雷曼兄弟破產，造成全球股匯市動盪不安，人心惶惶，失業率飆高，因情勢急迫，首次來到母娘身邊問事。前來問事者大多數是事業不順的人，松山慈惠堂母娘降駕過程，不論大家請示的問題為何，母娘都不會賜予明確的答案，而是句句玄機、字字哲理，閃耀智慧的華彩，要當事者自己去參、去悟。以我個人為例，我一跪拜頂禮，尚未開口，母娘便慈悲地說：「無事」，原來母娘是指我的錢財問題，當下宛如置身天堂，無上感恩！接著母娘再言：「無事又有事」，我不禁一臉茫然，由身旁師姐解說，才知是指我本身個性固執，操盤心態尚未看清看明而遇到瓶頸。頓時了然，並誠稟母娘，必當更加勇猛精進，戮力改進自己。結束後，走到大廳參拜母娘，親自跟母娘溝通，這是我認識母娘以來，第一次在清醒狀態跪拜在母娘面前跟祂對話，先前都是在夢境之中。

「最近我感覺自己越來越膽小了，應該沒有想像中嚴重

吧！如果可平安渡過，請給我一個聖筊。」

「聖筊。」感應到可大事化小，小事化無。

「那就請母娘繼續在夢裡教導我，增進神通能力，以便造福世人。」

「聖筊。」

「在夢裡學習之外，清醒時該如何修煉，能否指引我一條道路？」

「聖筊。」

　　我輾轉迂迴的問，出現連續 3 個聖筊，中間並沒有產生矛盾的答案，便放心搭捷運回去。兩週後的早上 8 點多，被電子儀器的「嘟嘟」聲給驚醒，心裡想著是飛行船來了，要帶我去另一個地方遊玩，不過這次不是從耳邊傳來，聲音隱約是在天花板，於是突然想到母娘是否另有指示？但我實在太緊張了，在清醒的狀態下忽然聽見熟悉的聲音對我說著：「雙手放鬆，左腳伸直放軟，右腳稍微彎曲，腳掌靠近左膝蓋，雙腳呈現七星步的睡姿……」聽到如此熟悉的聲音，我知道母娘來了，便配合祂的指示。不久，聽到「啾啾啾」的音律，像哆啦A夢帶著大雄穿越時空隧道的聲音，從大旋渦轉呀轉，越轉越快，逐漸被吸進小旋渦裡，中途配合著美妙

的旋律。

　　時空來到一座山底下，一望無際的階梯，爬了一段又一段的山路才到達現場。母親帶我到一位師父那邊，裡頭已有許多學生就定位，每人發一張長約 80 公分、寬約 40 公分的白紙，上面印著許多黑字。師父唸出第一個字，是善心的「善」字，母親手腳很靈活，一下就找到了，用毛筆圈起來，還要搭配身體姿勢以及下筆的角度才算圈好，像極了通關密碼。圈好後，師父接著唸第二個字，是財富的「財」字，看著母親幫我用毛筆圈字，覺得很好玩，我在一旁也教著別人如何圈。第三個字是回家的「回」字，我很快就圈好了，發現有個人的字圈好後，跟我的不太一樣，突然間回字變大了，外圈像朵花瓣把裡面的口圍住了，像極了一朵美麗盛開的蓮花。此時，母親興奮地叫我過來看，我遠遠看到我的回字也緩緩變大了，兩個口形成了大圓形，變成一個臉盆那麼大，裡頭還有水。母親興奮地對著我說：

　　「你該去一個地方找你師父了。」

　　「那裡是什麼地方？」

　　「那裡是神的地方，是你該去的地方。你看外頭有個男童……」

　　「他是誰？」看見躲在門口外、害羞的小男童。

「他一直跟在你身邊。你看看臉盆，你的貴人在那裡。」我看到臉盆裡的畫面是在一間宮廟裡，一群師姐在繞圓圈，身穿灰色修士服，正在忙著做法會。母親繼續說：

「你現在可以下去找他們了，那些人會幫你的。」

另一道時空隧道悄悄打開了，欲辦的事情有時間限制，事不宜遲，立即把頭鑽進臉盆裡，進去時不痛不癢，「唰」一下立即到達法會現場。就在這一瞬間，我化身為一隻「呼神」（蒼蠅，諧音為「守護神」），隱約聯想到跟法師已達成某些默契，回來時會在她身邊飛舞，不能拍打到我，但我還是有些怕怕地，擔心裡頭的子弟兵不知情，所以不敢在其他人身邊亂飛，免得被打扁。到達現場，首先看到土地公拿著拐杖坐在椅子上，我開心地飛過去跟祂打聲招呼：「您好！」土地公對我點頭微笑。從未當過蒼蠅的我，飛得實在又累又喘，暫時在大廳供桌上停留一陣子，等休息夠了，再飛向法師眼前。一共在法師臉孔前飛了三次，前兩次她一直在閃躲，不敢拍也不敢摸，第三次才停下腳步看著我這隻蒼蠅。不一會兒我從夢中醒了過來，在床前看見一位年約5歲、長得很可愛的小男童，盤腿坐在我眼前。「你是？」小男童沒回話，只是閉起眼睛打個大哈欠，搖頭晃腦的，像是沒睡飽的模樣。但彼此是同道中人，我知道是「囝仔仙」來找我了，一想到這裡，畫面越描越黑，小男童突然不見了。起床後，看到床邊有小孩玩的玩具以及汽水瓶丟在地上，我便碎

碎唸道：「真是的，來也沒報明牌，還要我幫忙收拾，真是沒規矩。」緊接著便緩緩地從夢裡真正醒了過來。

原來剛剛看到小男童以及床邊玩具，仍舊是一場夢中夢。這位小男童應是母娘帶我入夢時，跟著我過來的，因在別人家的地盤上，害羞不敢進來，躲在外面監視著我。由於這一串連續的夢境非常清晰，對於宮廟裡的情景、人物以及服飾都記得一清二楚，醒來後直覺告訴我，可以向一位修行頗為專業、即將成為和尚的人請教。

人生的苦難往往來自於業力以及自性被無明所覆蓋，要如何修持，道理大家都懂，卻很難去突破面對，其實找對方法是很重要的。時間來到 2008 年 8 月 10 日全球金融風暴前夕，有位剛從澳洲留學回來的女孩叫敏君。

「我父親即將出家為和尚，固執的很，作股票是個死多頭，只買不賣。」

「目前僅是初跌段，反彈快結束了，妳翻開《專業操盤人的致富密碼》85 頁，已規劃好 8 月 15 日是主跌段的起跌點，務必將股票出清，否則就來不及了。」我好言相勸著。

「我沒辦法改變他的想法，等等你來我家再跟他說一聲。從你寫的預言書來看，應該跟我爸很有話聊才對。」

　　這位女生是大姊介紹給我認識的，但本身沒有感情線，情感方面幾乎是零智商，因此喜歡上孤獨，此非凡力量得以在投資上穩操勝券。可是感應到神奇的那一面，於是到星巴克一起喝咖啡，才認識兩小時，就帶我去見她的父母親。到了敏君家門口，敏君的爸爸瞧了我一眼，或許我的長輩緣正在發酵中，決定拿家中法寶來跟大家一起品嚐。

　　「來，別客氣，當作自己家，這是一兩四仟元的好茶，你嚐嚐看。」

　　「嗯，真的跟平常喝的茶不太一樣，滋味由澀變甜，有回甘的感覺。」

　　敏君爸爸講了許多經文，都是佛教界的專業術語，聽了卻不會想睡覺，反而令我提起精神。最後他講到「神通」這兩個字，引起我的興趣。

　　「什麼是神通？」

　　「神通就是見遠、聽遠、知遠、知過去未來以及改變環境、是超時空的。有神通的人千萬別亂想，容易召來一些無形的。」

　　怪不得我睡前想了一些事，夢裡總會如期出現，有時以為那是日有所思的夢。

「那麼，神通有哪方面的能力？」

「天眼通、天耳通、他心通、神足通、宿命通、漏盡通，此六種能力即是任何精神生命的本能，以維護肉體生命的指導和守護責任。」

「這些神通分別有什麼作用呢？」

「修成念力之後，當我們念頭產生的一瞬間，用念力去觀察別人的念力，這就變成『他心通』，此時可感應到他人的內心世界在想些什麼。集中念力在天眼的時候，就變成『天眼通』，此人將擁有先見之明。把念力集中在耳朵，聽得見另一個世界的聲音，就變成『天耳通』。可以知道自己的宿命，也可以了解別人的宿命，這就是『宿命通』。可以知道很遠的事情，很快地到那個地方去，即是『神足通』。可修證無漏的，包括智慧都能夠全部了知，免除一切煩惱，則是『漏盡通』。」

「我寫預言書跟這些神通有關聯嗎？」

「你寫的書跟天眼、天耳、他心、宿命以及神足通都有關聯，通常是沒有漏盡通的神通。但我不知書本裡的預測準確度有多高，若只是一般的分析報告，就不算神通；倘若能夠對未來精準預測的話，背後必有高竿的神佛在你身邊，這就牽涉到其他的佛法力量。據我所知，一般的神通能力是沒

辦法預知金融行情。如果時常有神佛在你旁邊的話，你的靈感會很好，磁場特別強，身體的感覺會跟正常人不一樣才對。那麼，你對自己有什麼特別的感覺嗎？」

此時我身體不由自主地搖晃了一下，深怕這些怪異的舉動驚嚇到他人，於是假裝若無其事地轉個身，偷偷打了一個哈欠，用力把氣吐出來，不讓任何人望見。施展了他心通以及宿命通，得知敏君一家人總總，特別是在股票投資未來可能發生的事，但我不能說得太白，免得把他們嚇到，只好強忍住內心想說的話。

敏君爸爸說得一點都沒錯，我從小靈感就很好，有些沒碰過的事，用猜的也能猜出一二。例如一斤蔥要多少錢，我腦海裡立即浮現 200 元，母親笑著說現在才 50 元，原以為我猜錯了，而且錯得很離譜，但隔一段時間不但來到 200 元，甚至衝破 400 元的歷史天價。任誰也料想不到，原來心中的想法未必是現在，很可能是未來某一時期會發生的事。此刻，腦海裡有了新的密碼出現，猶豫著該不該說出口，最後還是忍不住洩了天機給敏君一家人。

「書本上寫 8 月 15 日是台股高點轉折，大盤即將進入主跌段，我知道你們不會賣股票，但至少不要再加碼買股票了，留多一點現金下來，等年底低點到了再進場。不過，我擔心到時要進場，你們可能會變成驚弓之鳥，輕易就停損出場，

屆時反倒容易錯失一波上漲的行情。在高檔區剛開始跌時不急於停損，跌了一大段才想到停損的重要性，這是散戶共同的毛病。」

「真的會跌那麼深嗎？我手頭都是現股，可以長期投資的，股票對我來說，不賣就不會賠。」

「我看通常是套牢了才放著捨不得賣，先前有賺的都跑光了吧！」

「呵呵！沒辦法，這是人之常情。」

敏君爸爸對佛法有深切的見解，有關佛學的問題可以去請教他，大陸的佛教界人士時常會打長途電話來，跟他切磋琢磨佛理。但敏君爸爸僅是在講解上面比較專業，佛法技術尚有些欠缺，這跟我恰好相反，我是有些許技術，卻不太會跟人們說佛理。一般人對於我的書會半信半疑，畢竟未來還沒發生，除非對方有神通、靈通或者通靈的本領，在我還未說出自己的來歷前，即能借由神助力量看出一些端倪，這就是佛法技術的不可思議。如今遇到懂佛理又有耐心解說給我聽的大師級人物，對我來說真是難得一探究竟的機會，先前一連串深藏已久的疑慮，便逐一脫口而出。

「我對『未來』深感興趣，是什麼原因讓我有勇氣訴說未來呢？」

「虛空中有佛界與魔界的戰爭，這是無形的戰爭，就看當時你的護法與心魔哪個力量較大了。然而有勇氣寫未來，如果準確率一直都很高的話，這代表你身邊的護法力量非常之大，本身福報也夠大，才有辦法完成神準的預測。倘若時常錯誤，害了自己也連累許多人，則代表你已走火入魔了。」

「我的預言不用怕錯誤，在書裡第 202 頁已有說明，若預測趨向正確，則 2008 年 4 月份應該為近 3～6 個月的相對高點，投資人可進行本項操作策略；若預測趨向錯誤，接近 2008 年 4 月份反而是近 3～6 個月的相對低點，代表先前預測可能錯誤，投資人應放棄此項操作策略。」

「嗯，事先補好洞是你應盡的責任與義務。這宇宙之間也有戰爭的，當念頭一出來，有時候就是一場戰爭，這是一般人不曉得的。『光』即是生命，也是人們生命之『神光』，人的靈體本身就有一種特殊光芒，你看修行人的念力，一出來就是很集中的亮光，一般人都是灰濛濛的凡夫之光，另外也有業障之光，是黑氣充滿全身的光。有些通靈人能夠看到這些光束，例如，黃色光芒表示此人喜歡哲學，對人和藹可親；藍色光芒表示此人為聖賢，乃至於佛與菩薩以及神仙；深藍色光芒表示此人是智力型，喜歡真理以及推理；淺藍色光芒表示此人的靈魂人格不斷進步……諸如此類，人體的靈光顏色是無可限量的。一個佛教行者為什麼能夠修行證到神通呢？是因為念力、定力、禪定，加上宇宙種種的力量，以

及累世修行成果，綜合起來就產生屬於他自己的神通力了。
然而，神通每個人都有一點，只是因為個人要修念力、修定
力、修護法、修本尊、還要修上師相應，並非一輩子能修行
完成的，所以絕多數人的神通似有似無，都不太明顯。可以
活靈活現施展神通的人，往往只有快成仙的人才辦得到。在
這之前，他們也需經由累世得到法力，自然就可產生不可思
議的神通了。」

此時敏君媽媽切入話題：

「華仔，這有一張小卡片，六字大明咒送給你，有空多
唸幾遍，股市操盤需要靜心、定心以及禪定的相互配合，常
唸大明咒可趕走不好的磁場，對你有益無害。」

「嗡・嘛・呢・唄・咪・吽（ㄨ・ㄚ・ㄋ・ㄉ・ㄇ・
ㄋ）。」我在一旁學習唸著。

看到新的佛法法寶，我在一旁默唸了近百次才回過神
來。感覺到這一家人對宗教的專業與熱忱，知道今天來對地
方了，自然毫不掩飾地說出先前遇到一些奇特的冤親債主事
件。身受冤親債主之阻礙干擾，猶如深陷泥淖，於是敏君媽
媽帶我到宮廟裡走一趟，雖然還不曉得是哪一間廟，但我心
中已有數，這應該是老天爺佈好的局，要引導我「佛道雙修」
的管道。

　　抱著期待的心情坐到劍潭站，經過了陽明戲院，最後拐進一條不起眼的小巷子，終於來到廟的正門口，原來是「士林千手觀音廟」。走了這麼多間廟，第一次來到主神是千手觀音的廟宇，配合先前的夢境，穿著服飾以及大廳的景象不謀而合，應該就是這裡沒有錯！敏君媽媽帶著我一起上香跟廟裡的眾神參拜，準備見識通靈人的本領，便拿著香輕聲問了千手觀音兩個問題：「1. 初次來到貴廟，想請教冤親債主之事；2. 也請千手觀音暫時不要告知通靈人有關我的種種，不然下次我就不敢來這裡了。」

　　通靈問事不用給生辰八字，因為我們過去幾世到這一世所做的善惡事，早已被無形界全程記錄下來，這一世做人會有什麼專業能力以及果報，在轉世投胎前已被安排好了，未來都會逐漸呈現出來。神靈附身在通靈師身上之前，一開始連續打了大哈欠，眼睛閉起來流著淚水，人體正與神靈交流中，大約過了一分鐘即降駕下來，首先把我的本命、事業、未來的大運、劫數等論述一遍。

　　「事業屬金，適合金融相關行業。」

　　「那要怎樣才能賺錢？」

　　「你事業不錯，出門金光閃閃就有錢賺。」

　　「金光閃閃？是穿金戴銀在身上嗎？」

「不是，是你金融專業所散發出來的魅力，令人流連再三，忍不住多看一眼。路上看到化緣，投個 10 塊、50 塊都好，對你會有助益的。」

「有些是假的化緣也要捐嗎？」

「傻孩子，供養僧尼，無論他們是真是偽，你所積聚福德主要是依你的動機而定，乞丐們常常有令人心酸的故事，所以我們寧願不要懷疑遇見的每一個人，縱使和尚是假的，你也會積聚大量福德，把你的本份做好就行了。因為你的錢是五方財，眾神會從中加持你投資上的靈感，有福才會有祿。」

千手觀音說的一點都沒錯，我確實常常在外捐點微不足道的小錢，刻意吃點小虧，有時明知對方有問題，仍會幫助他，得到無形的福分將會增進偏財運勢，進而在金融操作上獲得較大的利益。反之，一個人總是在外與人斤斤計較，無形間會折損福報，進而失去偏財運勢，日後將因小失大。

聽到「金光閃閃」這幾個字，我確信眼前是真通靈，此時第六感直覺告訴我，找到了靠山、找到了名師，畢竟近期正是 2008 年底金融大海嘯來襲、導致全球股市大崩盤的末端區，若是沒有進入通靈狀況，可能會誤以為我最近不是很順，才會來廟裡拜拜。

「嗯，那我瞭解了。」

「那你還有什麼問題？」千手觀音笑著問我，好像跟我很熟似的。

其實眼前的觀音，即是 2008 上半年現形為白色束腰的白衣大士，說話語氣與現場聽不懂的天語，大致上相似。不知是什麼原因，還是神靈從中作梗，當下忘得一乾二淨，只記得看到一位穿著白色古裝服飾陪我玩了大半年，我也跟祂鬥來鬥去。

「最近被壓床，時常看到一些無形的，不知那是怎麼一回事？」

千手觀音再次利用天語與眾神對話，許久才回答，似乎有難言之隱：

「你家有拜地基主嗎？」

「有啊！母親都有在拜。」

「真的有拜嗎？祂是你們家的地基主，來討供果、逗你玩的。若是不好的靈，早出事了，不會耗費那麼多時間。況且你的運氣一向不錯，有先天性神通、靈通，只要對空呼請，眾神會前來給你加持，任何壞東西不敢接近。如果不想看到

無形的，我可以幫你把天眼蓋起來。」

　　話才剛說完，千手觀音把手伸到我的額頭上，準備要關閉我的天眼。我見狀急忙閃開，既然可以用我的天眼看到神明，這有何不可呢？於是我趕緊回應：

　　「不用了，那要如何使用神通來操盤呢？」

　　「有空找個地方靜坐，靜心下來冥想，會有一鼓暖流跑進肚子裡，把氣打出來，第一時間想到的通常就是正確答案。剛剛不是又有氣傳到你肚子裡？」

　　「是有一點，但我憋住了。」

　　「哈哈，把它吐出來吧！不要不好意思。」

　　鮮少在人們面前打又大又響的哈欠，非常地害羞：

　　「好舒暢，但吐完氣好像沒什麼特殊的想法。」

　　「在外面會讓你緊張，你需要找個地方靜下來，安心、靜心，心能安定，情緒就不會隨盤所動，貪欲就不會忽大忽小。靜下心來，心中清明，得失了然於心，將勝敗超之於度外，還有什麼能讓你懷疑與不安的呢？盤勢的變化老早存在你心裡，它將如何走，對你來說已經不是件難事，該入就入，

該走就走，做你該做的事。人生要學會放下，就不會有所糾結，不計較得失，不計較輸贏，自然就抓得住行情。」

在投資的過程中，千手觀音送給我三顆心——信心、耐心、定心。首先操盤要有信心才能出手；賺錢後要有耐心抱波段，不要賺一點就想跑；最後要把心定下來，不負債投資，賺錢才會賺得心安理得，心安了人自在，也才有耐心等待下一波行情的到來。我們在操作時懷著什麼樣的心，最終就會有什麼樣的結果。波浪理論人人都會用，差別在誰能準確事先規劃未來；進場訊號人人都會看，差別在有沒有勇氣出手；停損點人人都知道，差別在執行與否。為何有人輸贏都很淡然，有人卻不是天堂就是地獄？其實，輸贏只在一念之間，心境冷暖也只是一個觀念而已！當我們下單之後，如果是往賺錢方向走，心態上是老神在在還是七上八下？如果是往賠錢方向走，心態上是心急如焚還是不慌不忙？輸自己該輸的錢，停損點到了就出場，說得容易做得難，因為人們在乎那些錢，有不想敗的壓力。凡事要先學會放下，就不會有糾結。不要一直看帳戶數字上的輸贏結果，那會加快心跳頻率，影響腦部的正常運作，對專業操盤人是很大的干擾。不計較金錢得失，才能以平心靜氣的胸懷，面對千變萬化的金融局勢。

「有空多唸『南無清淨大海眾菩薩』，會有眾神前往加持你的靈感，日後準備佛道雙修。」千手觀音說完，隨即退駕。

　　通靈結束後，當天下午回家用雞腿飯拜完地基主，洗好澡就跑去睡大頭覺了，又再次看見先前那一位年約 5 歲小男童盤腿坐在我的床前，直覺告訴我，這位小男童應該就是千手觀音身旁的善財童子：

　　「你是善財童子嗎？」

　　「嗯。」

　　正要開口接下去說話時，畫面再度變模糊，全身像被打麻藥般無力使勁，不久感覺好像又醒來了，起床看見床邊門口地上有小孩平常在玩的玩具、糖果以及口香糖，心想這應該又是善財童子跟龍女一邊玩一邊亂丟的，不管那麼多了，回來再整理，便穿好制服準備出門上課去。朋友開車載我來到國小的校園裡，瞬間我的年齡回到 8 歲，同學們正拿著我的著作《致富密碼》，翻開至 85 頁，各個異口同聲說這次超級神奇的準！在去年就寫好今年 8 月 15 日右肩高點可放空，目前大盤正展開主跌段之中，即將見 10 月底的低點轉折了。旁人以非常欽佩的眼神注視著我，頓時引以自豪的說：「運氣好，猜到了。」此時正要與同學們坐遊覽車出去旅行，車子剛開沒多久，班長急著說：「司機等一下，還有人沒上車。」司機立即緊急剎車，等剩餘的同學上車再上路。隨後，我走到後面跟同學們聊天，車子正在急速行駛下坡，感覺司機開車不是很穩：「大家要坐好，小心不要被甩出去受傷了。」

才剛說完，令我不寒而慄，立即跟幾位同學帶上安全帽避避風頭，突然又聽到車子變速成為雲霄飛車，向上飛升出去，更是嚇破膽了，便一路抱著身旁的柱子，避免被甩出去。身旁有一位同學接下去說：「司機是隔壁班同學，跟我們一樣只有 8 歲，年紀小開車比較衝，大家坐好囉！」

隨即用台語問候對方老師，被嚇出一身汗驚醒過來。今天正是 2008 年 10 月 26 日的傍晚，假日股市沒開盤，但我明白這是在提醒台股大盤轉折低點到了，即將 V 型大反彈，有些人還沒上車，要我記得通知人們上車買股票。雖然明知大家都怕這台急速行駛中的瘋狂列車，但我仍按照高靈給我的指示，呼叫一些親朋好友進場買股票。其中，為了感謝敏君一家人帶我回到千手觀音身邊，我突然有種莫名的投資靈感，立即用 MSN 跟敏君聊天：

「明天週一開盤買進『國建』，大盤低點到了，將會有一波強勢反彈。」

「現在股票天天跌停，家人不敢進場，怕買到地雷股。」

「就是因為這樣才會叫你們買國建呀！至少國建不會倒。」

「那好，我爸明天說會買一些，問何時出掉比較好？」

　　都還沒進場就問我何時出場？這問題真是考倒我了。此時突然想到千手觀音教我的方法，於是靜下來微微閉起眼睛，全身放鬆等一股氣進來。感應真的來了，我便順應打了一個大哈欠，進而把氣吐出來。此時心中大概已有答案，但為求謹慎，又翻了技術圖表來研究，最後才做出決策：

　　「週一進場，到時會連續急漲 7 個交易日左右，中間應該有 4 根漲停板，可獲利出場。」

　　一週後，大盤已有一波強勢反彈，見時機成熟馬上跟敏君 MSN：

　　「股票可以出了。」

　　「唉呀！週一進場買在跌停價位，家人嚇得要死，隔天開盤就停損出場了，這一波沒賺到。」

　　「沒關係！還有下次，年底低點到了再跟你們說。」

　　人們不該在低檔停損的事件終究還是發生了，那一波我通知了一些人進場作多，平常做股票不會停損的人，在這一波紛紛被甩了出去。僅是用現股操作，怎麼突然變得這麼膽小呢？我發覺無法改變別人的命運，這可能是對方內心充滿著恐懼，被先前空頭市場給嚇到了，一有風吹草動就會變成驚弓之鳥。而我自己也沒好到哪裡去，雖然預測對了，就是

不敢下大注來投資。

隔一段時間，正要回操盤室寫作，許多小朋友聚集在一起看電視、玩我的電腦，根本沒地方休息，便請他們讓個位置給我。後來大姊兩個小孩走來，我向上瞧了一眼，身高跟天花板一樣高，他們遞給我零錢：

「兒童節快到了，這些錢買些零食給小孩吃。」

「不用了，這一點錢我有。」

他們仍堅持要給我，因不好意思拒絕對方的好意，只好收下。隨後醒了過來，原來是囡仔仙來找我玩。我已長大成人了，這些兒時玩伴的模樣還是沒有變。會夢到大姊的小孩，應該是代表孩子王送錢來，要我陪囡仔仙一起玩樂。正巧近期投資屢屢進帳，下午收盤開心走進玩具店，看到一組戰鬥陀螺，突然興奮地望著，可以買回家給大哥的小孩玩，當作兒童節禮物。午休睡到一半，玩具放在旁邊，聽到戰鬥陀螺發射器的聲響，咻咻咻地，令我無法入睡，以為聽錯了，但每隔一段時間就會「咻」一聲把我給驚醒，以為遊戲裝有電池或定時器之類的，拿起來檢查沒什麼問題，這才警覺是善財、龍女以及三太子們在一旁玩耍，不一會兒自個兒也玩了起來。被家人撞見也見怪不怪，畢竟在家人眼中我一直是個長不大的小孩。

緊接著開始處理地基主的問題。原以為家裡都有拜地基主，怎麼會跟祂有關呢？後來八佰提醒我：

「先前送你的降真香，可用來通靈，祈求全家平安，再求自己操作順利，幫助你的投資團隊，不須求姻緣。」

「好！我試試。」

「當你有錢，桃花就來了，許多人會黏住你；不順時，會跟你撕破臉，所以你根本不需要交朋友，一切靠自己就行了。」

「嗯，這是我享受孤獨的原因。」

「是不是你新買的房子沒有拜過？地基主跟祖先一樣同屬陰，穿壽衣是有可能的。觀音說你家有沒有在拜地基主，意指你名下的房子，並非父母親的。」

一語驚醒夢中人。我心裡推敲著，在 SARS 買房子之後，陸陸續續有許多不可思議的事發生，當時買的老公寓極為搶手，當月就租給別人使用了，根本沒時間拜地基主。最後我決定不租了，家人取笑我是個有錢不賺的傻瓜，在迫不得已的情況之下，只好向地基主請示，畢竟我內心的想法是來自於高靈們。於是，我拿了兩個十元硬幣準備擲筊，如果同意我這麼做，請給連續三個聖筊，結果連續出現三個聖筊，家

人無話可說。接著我又向地基主發問：「該房子是否要重新翻修，將管線地板全面換新？」地基主依然給了一個聖筊。裝潢好的老舊公寓，看起來就像新房子一樣，自個兒搬了進去，開始整理新的操盤室。

空閒之餘，不知哪來的膽識，在聚財網發表了一篇〈2010/3/26 征服金融大海嘯〉的主題文章，心裡對著地基主呼喊著：「要幫我們顧好家，以便彌補先前該賺沒賺到的金融行情。」

2010 年 4 月 3 日（農 2 月 19 日觀世音佛祖生日）

清晨 6 點整，做了一場奇特的夢，有了這一連串這麼明顯的夢境，得以在網路上持續發表金融操作的看法，並使其神準無比。夢中在空曠的操場裡，看見千手觀音化身為葉住持，叫我等等跳三下，每跳一次就喊「佛法無邊」。感覺自己跳得不夠高，廟裡一位施媽媽奮不顧身用頭翻跟斗飛奔過來，幫我向上頂了一下，這次有三層樓這麼高。「佛法無邊」我繼續唸著，跳第二次更高了，有五層樓那麼高，第三次直衝浮雲飛了出去。「佛法無邊」我一邊飛一邊唸著，越飛越遠，最後來到一間宮殿前，一位師兄老早在門前等候著，表情很嚴厲，像個考核官似的，問我美國股市近期要怎麼走？我猶豫了一會兒，還沒開口，師兄直接把我拉回到一年前，看見他在大盤月線圖上直接向上畫一筆，把未來一年行情給

規劃好了。轉眼間一年過去，我回過神來，發覺這位師兄預測行情非常神準，頓時讓我看傻了眼。

緊接著說：「這次跟十年前不一樣，往後大盤你怎麼看？」聽到這位師兄分析大盤的語氣，跟十年前一模一樣，驚覺到是三官大帝來教導我看盤技巧了，內心興奮之餘，急忙大聲喊著：「教我！教我！教我！」三官大帝在我臉上開始畫了起來，我彷彿被電擊似的，耳邊聽到鷹王展翅高飛的聲音，不一會兒，腦海裡得到圖騰，隨即在圖上開始畫未來，以週線的方式來劃分，從近期高點向下畫，當作是頭肩頂的大頭，再補上右肩的高點，而後很有自信地把天機圖給三官大帝看。

「短線上會先跌一波，長線上準備做頭，進入大空頭市場！」三官大帝一開始點頭微笑著，最後對我搖搖手，接著說：「短線作空有利，長線不需要看那麼壞，要小心以頭做底。」隨即我聽到子彈飛過耳際的聲音，「咻」一聲，便緩慢地從夢裡醒了過來。

醒來趕緊記載在日記本裡，但還是有點睏，跑去睡回籠覺。這次夢到外面一戶人家養了一隻牛，突然間老鷹飛下來叼住牛，我立即衝過去奮力把老鷹趕走。回頭發現一隻蝴蝶被蜘蛛網纏住了，動彈不得，我救不了牠，因為旁邊有一隻比大象還強壯的蜘蛛正虎視眈眈，看了真是嚇人，只好逃離現場，保

住自己的性命要緊，這才如釋重負地從夢裡醒了過來。

這一連串的夢境，可能是指大盤即將被「禿鷹」襲擊，欲將原先「牛市」的大盤給吃掉，引來一陣熊市行情。而外面人家的牛則是代表國外市場的股票行情，例如美國 S&P500 被禿鷹襲擊，引爆快市行情。但盤勢又像蝴蝶一樣，被蜘蛛網給纏住了，無法產生「蝴蝶效應」，指數僅是短暫的急跌一波。隱約告訴我可專心操作歐美股市期貨，以賺取短線急殺的快市行情，俗稱「黑天鵝行情」，長線就如三官大帝所說的，不要看太壞。

一旦有了這麼清晰的夢境，我帶著即將獲取暴利的想法，繼續在網路上回應網友們的投資困惑。

華仔在 2010/04/19 13:08:25 回應網友的留言：

2010 年 4 月中，台股又如預期的見到高點反轉且大跌一小波囉！下次 5 月份的高點要注意加碼的空點囉！華仔上週是先操作英國指數期貨的空單，最近賣台指選擇權，賺時間價值。接下來要注意台指期的空頭部位。

是川托蘭尼在 2010/04/30 16:31:36 所發表的內容：

華仔大，今天算是起跌點嗎？還是需要確認？可以從股王聯發科來看大盤漲跌嗎？還是有其他個股可以視為大盤指標？

另外大立光感覺快超越聯發科，有沒有辦法取代聯發科成為股王？

華仔在 2010/05/01 13:54:26 回覆內容：

1. 繼英國指數期貨領跌之後，4 月 30 日晚盤的美股也開始，加空大 S＆P500 的期貨空單，但其保證金一口約要 28000 美元、新台幣 88 萬，且才剛剛空下去就一路往下殺了，實在來不及事先告知網友進場放空。現賺 21 大點，每點為 250 美金，共 10 口，約賺 160 萬台幣。不過期貨風險高，你們私下有交易的人要懂得設停損點，華仔自個兒是賣選擇權來避險，但這要有充裕的保證金才能賣出，一般人可能無法像我這樣操作。

2. 大盤指標看金融股，破底就代表台股即將進入主跌段。

3. 股王都是炒出來的，尤其是集團股，只是一時資源全放入某一檔股票罷了！等股票賣光之後，聯發科長線就要小心，股價炒完了，股王也會有一天變水餃股。特別是宏達電的模式，將來會跟威盛很像。

亦正亦邪在 2010/05/06 14:45:18 回覆：

　　華仔，你算很強，在 3 年前第一次看你說，就知道你不簡單。至於是否能大賺？這種人真的很少。有人天生心態適於分析精準行情，有人天生心態適於操作，很少人將這兩種

集於一身，所以證券商都有專門分析的研究員，跟專門下單的操盤手。

華仔在 2010/05/06 17:50:57 回覆：

新著作《征服金融大海嘯》中有善於分析的腦袋、善於規劃的腦袋以及善於交易的腦袋，只要瞭解其中的原理，任何人都可選擇適當的操盤軟體進行投資操作。

華仔在 2010/05/06 22:36:00 回覆：

S&P500 持續下跌中，空單口數已增加到原來的兩倍，要發就靠這次了！但加碼後的停損點要設緊一點，免得被回馬槍掃到就不妙了！

xmarmot 在 2010/05/07 01:21:37 回覆：

我只是想發篇感謝華仔的文章！雖然我利用華仔的書籍，操作期貨一直被點到停損，但後來我發現，華仔的長期判斷很精準，短線並沒有公開如何操作，導致我完全照他書上所說的操作而虧損！最後我操作 ETF，買進或是放空，慢慢的就賺回我操作期貨造成的虧損！也很感謝華仔，出了那本書讓我能透析未來！真希望能吸收為自己所用！但沒有華仔的統計資料，很難做到！

華爾街預言師 上冊

　　「怎麼沒有電視？」2010 年 5 月 6 日的清晨，我被這句話給驚醒了。為了不被媒體影響到操作策略，平常就有「不看電視」的習慣，突如其來夢裡聽到這一句話，當天趕緊在房間內裝好一台。傍晚美股仍舊下跌，眼看著我的大 S&P500 那 20 口空單擴大獲利中，睡前設好停損點，便安心地跑去睡大頭覺了。7 日凌晨 2 點多，睡到一半胸口悶悶的，難以入眠，只好懶洋洋地打開電視，看一下美股行情。不知是自個兒眼花還是電視機壞了，眼前美國道瓊居然狂跌 960 點，相當於下跌了 9%！在又驚又喜的情況下，立即衝到隔壁操盤室，打開電腦並拿起手機，打給國外期貨經理人確認此事，原來是美股產生系統性風險，發生了快市行情。我立即將手中所有 S&P500 空單獲利了結，然後上網發表文章，此時已是凌晨 3 點多。

華仔在 2010/05/07 03:12:02 回覆：

　　我還以為發生什麼事咧，無緣無故睡夢中被一聲巨響給吵醒，本想周公這次沒有報明牌給我，我就要生氣了，凌晨打開電視，就看到道瓊跌近 1000 點，不知是眼花還是怎樣，再看到我的 S&P500 下跌 100 多點，才知是來提醒我可先跑一趟，於是立即打電話去平倉，沒想到補到相對低點。

　　回想當初，我不曉得千手佛母會預知股市行情，但是美股快市那一天的凌晨，卻把我從睡夢中叫醒，進而有時間將空單回補在低檔區，那一次的戰役令我獲利豐碩，也給網友們一個意外之財。此後，陸陸續續有回到廟中請示千手佛母、三官大帝、瑤池金母，從中教導我許多金融技術，每每都得到非常滿意的答案，啟發我的信心、耐心、定心，也參加每星期的靜坐，讓眾仙佛加持定力，從此與千手觀音廟結下不解之緣。

　　在金融規劃上，經由多次與高靈們交手，發覺佛母在預測未來主流股時，準確率可達百分之百。譬如提早半年告知太陽能將在 2011 年底起漲，並在過年後見高點，當時我也事先在網路上通知網友，年底要注意太陽能的買點，讓許多網友獲利匪淺。而在預測選擇權波動率的分析上面，原以為每位高靈都瞭解選擇權的專有名詞，畢竟母娘先前有指導我選擇權賣方的操作時機，後來千手佛母當面對我說：「選擇權？聽不太懂，請燒一本專業的書給我看。」隨後我補上一本選擇權書籍給千手佛母閱讀。3 日後，佛母早晨主動來找我，表示祂看完了，也知我先前的問題所在，說道：「可以在 2012 年總統大選前一個交易日操作選擇權的賣方策略，大盤只會慢慢盤高上去，中間不會有大震盪，可安心操作賣方賺取時間價值。」

　　我會向神明問選擇權的賣方策略，主要當時正是總統大

選前一週，波動率以及時間價值都很高，只要做對策略，必能狠狠撈一筆，特別是賣方操作。但那時我並沒有多大把握，在不得已的情況下「向天借膽」，得到千手的指示之後，加上跟自己原先的想法相同，兩者產生了共振效應，這才有信心上網留言，告知網友們可在選前一週操作選擇權賣方。台灣總統大選開票結果也與原先預估的一樣，執政黨會贏 50 ～ 80 萬票之間，選後台指選擇權果然快速收斂，週一期貨開盤，期指波動不大，用 1000 萬的交易成本，僅僅兩個交易日，300 萬輕鬆落袋，獲利將近三成，把先前的虧損補了一些回來，這是我交易選擇權賣方獲利最快的一次。

有些高靈來夢中跟我報股市明牌，說一說就走，也不知道祂們是誰，我便好奇的問佛母，佛母說：「男性是三官大帝中的天官大帝，女性則是地母，來賜福賜金銀財寶的。你要相信，不要懷疑祂。」夢裡祂們測到要我作多或作空台指期貨，可是我總是我行我素、帶點懷疑的想法，當時是因為前幾日已下好單，且到達原計劃的停損點，逼得我不得不採取行動。事後的結果證明祂們是對的，而我卻賠得一場糊塗。原來祂們是看到我做錯方向了，特地來夢中通知我，但為時已晚。當時心情不好，自己的錢賠掉沒什麼關係，畢竟那些錢都是先前賺來的，但有些是親朋好友的錢，這可是賠不起的。佛母接著說：「有些人福分不夠，沒有偏財運，你硬是要從股市裡幫他們賺偏財的錢，會很辛苦的，後面必有無形的雜念投射到你腦海裡，讓你感到心煩氣躁、驚慌失措，進

而『聞之喪膽』。先前是自己的錢，閉著眼睛買賣都會賺，一旦用了別人的錢來操盤，心思要比平常更加清靜，才能逐步克服不好的氣場。」

此時深感訝異！我沒有「膽」來交易的原因，原來是害怕別人賠錢，我的膽無形間分散到這些人身上，最後自己反而變得「有識無膽」了。原以為可以幫助小資投資人以小致富，累積自己的福報，這下卻為了那小小的操盤基金，陷自己於不利。

「那要怎麼辦呢？乾脆把錢都退還回去好了，反正又沒多少。」

「且慢，你就算再富有、再有才華，若背後沒有跟隨者來分享你的福氣，活著一點用處也沒有，下輩子還要再受輪迴之苦，你願意嗎？」

「……」一時無法感受佛母的意思，令我無言以對。

「有因果病、財運走下坡的人，原本就會破財，你拿了人家的錢，換成你來破，然後換你來受苦。一開始善良，同情對方，但事後會來干擾你操作，以上這些人要先行避開，你知道哪幾位。你要先立功、多修福，再來做偏財，操盤必能得心應手。有感應才能衝，感覺運不順時要懂得休息，此時在考你的耐心。多看百花、看山、游山玩水，接大自然之

靈氣，或者靜坐也能修補你的靈氣，心清靈自在。你的三元三旨已開，靈感來自於『瑤池金母』、『千手之恩』以及『三官的疼惜』，有事情先求這三尊。」

「千手之恩？三官的疼惜？」我一時摸不著頭緒。

「你有大盤的問題，去問三官大帝最快，農產品問母娘，而地母及哪吒太子會從中相助，或者你嘴巴大聲唸出來，從小一直跟在你身旁的善財童子也會回來向我稟報。等等到樓上選一塊石頭，放在操盤室裡，吸收這塊石頭的磁場，可壯大你的膽，擋掉些許雜念後，就能靜下心來操盤了。」

在我還來不及弄清楚「千手之恩」的含意時，千手佛母就請我到樓上選一塊石塊要送給我，難道這是傳說中的「向天借膽」嗎？我不疑有他，一個人獨自到二樓去選石頭，第一眼就看到放在母娘前方的大石頭，石頭表面自然刻劃出一幅山水畫，有天山白雲、瀑布以及綠意盎然的森林，心想這是全廟最大、最漂亮的石頭，應該就是鎮廟之寶吧！我若開口要這塊，豈不是太貪心了，便轉向旁邊幾塊尚且搬得動的小石頭。算一下廟裡的石頭，一共有 50 塊左右，陸陸續續謹慎地篩選了 6 塊，發現我中了大樂透了，因為該石頭恰巧是同一位師姐送給廟裡鎮廟用的，而她剛好只送這 6 塊，所以皆不能讓我帶走。

後來住持感應到母娘降駕指著鎮廟之寶：「母娘老早跟我說，要把鎮廟寶石送給你，可是我跟你又不熟，雖是捨不得，但有緣千里來相會，相逢自是有緣。母娘說：『讓你帶回去放在操盤室，心能安定穩下來，可幫助你做偏財事業工作。』日後如是成功賺錢，也讓千手觀音廟沾沾喜氣。」

通靈住持平白無故把鎮廟之寶送出去，忍不住私底下跟千手觀音打聽我的來龍去脈，得知我是善財來轉世，從小觀音就派善財童子一直跟隨在我身邊，連續幾輩子都是修道之人，才會有這一世的預知能力。逐步確認上輩子是一位道士，這與先前遊地府的夢境是一致的。如果我上輩子是道士的話，應該會拜道教中道行最高的神，此乃三清道祖，而其中就有一位神明是太上老君，難怪小時候首先是夢見祂帶著我過來轉世的。當發現這麼新奇的事，自然毫不掩飾地，把母親懷有我時，看到青龍的景象訴說給住持聽。

「你看你右邊牆面上那一張善財踩青龍圖。」

「哦！對對對，就是墨綠色的青龍沒錯！」

「千手救了你兩次，你知道嗎？」

「兩次？」

「你再想一下，應該想得出來。」

「是母親吃了兩次墮胎藥，那兩次嗎？」

「知道就好。日後你要多珍惜現在的每一時刻。」

　　瑤池金母贈與的「石頭」，用來壯大我的「膽量」，以便靜下心來操盤。

　　千手觀音贈與的「觀自在神像」，放在我的操盤室裡，桌椅的後方，象徵童子拜觀音，以增進我的「神通」能力，將未來投資機會瞬間印入腦海，永不忘卻。上面有三官大帝贈與的「杯筊」，用來增進我的「靈通」能力，當投資陷入困境時，可利用擲筊來請示，對空呼請母娘、三官以及千手，並使擲筊能準確無誤回答我任何問題。

〽 善財踩青龍圖

修行不只是為了今世努力的短跑競賽,而是一場跨越累世因緣的馬拉松賽,長遠心就是要禁得起磨鍊與考驗。朝聖的動機每個人皆不同,就我親身體會到的成果,除了增進與生俱來的智慧、認清自己之外,主要是培養慈悲心、虔敬心以及真誠的出離心。所以我們在出發之前可先許個願,願我們的朝聖之旅,不管以什麼形式,都能不間斷地讓我們憶起佛陀一切尊勝的證悟功德,並積聚福德、淨化染污。2013 年前往印度朝聖,感應佛陀無形的力量,靈鳩山上靜靜冥想佛陀講法,菩提迦耶菩提樹下禪坐,瓦拉納西恆河接佛光照耀遍十方,拘尸那羅涅槃寺體驗永不再落入輪迴框架。旅途夢中,釋迦牟尼佛送來黃金袈裟跟天珠法寶,從中加強我的天眼。夢中的我在菩提樹下靜坐,身穿黃金袈裟配合著天眼通,竟然透視到未來百年之遠的金融行情,也提醒多吃葡萄,串串字句有助寫金融預言書,那種滿心的法喜與拂不去的佛祖氣息,讓人的靈魂得以甦醒、深深感動。一路上感受深信佛陀不思議,智慧圓滿,增加信心與光明人生。

華爾街預言師 上冊

⌁ 靈鳩山

⌁ 摩訶菩提佛寺

⌁ 菩提樹下禪坐

隔年前往大陸勇闖五母關，接收佛道雙門精氣。

第一關：山西萬榮地母娘娘。在地母娘娘指示下，用香排八卦壇轉八圈，開運氣、開財氣、生旺氣，八八運起、錢財滾滾、好運旺旺來。

第二關：西寧紫扎麻鳳凰山九天玄女娘娘。在九天媽面前點燃明心燈，燈是光明的象徵，幫助股民祈福點亮光明燈。股海茫茫，唯有明燈帶你走向光芒，光明代表智慧，照亮大家的心，獲得智慧和幸福。

第三關：格爾木崑崙山西王母娘娘。登上長年冰雪不化崑崙山峰，天池會母娘，天池勝景母子相會，進到母殿神光乍現，瞬間吉祥寶光佈滿身，感受母娘無限加持給予力量，母恩浩蕩牢記在心中，順天行事萬事圓。

第四關：陝西驪山老母。坐在驪山母殿中冥想，老母來指點迷津，傳授秘笈移山倒海：「股海本是多空交戰，金融風暴架構股海淘金溫床，筆者何其有幸，寫金融預言書幫股民逃離金融海嘯，這不僅是百年活生生教材，也是百年股海淘金的良機。」

第五關：南海普陀山千手觀世音菩薩。普陀山是觀世音菩薩道場，佛母是慈悲又嚴厲的師父。一路走來教導點滴在心頭，回到佛母身邊團圓，內心激動不禁淚流滿面，離去時

不敢回頭瞻望。最後抵達善財古洞，此洞乃善財童子應化之
地，頗具靈異。子時夢中善財是我，我是善財送來七寶，金、
銀、琉璃、玻璃、真珠、硨磲、碼瑙，閃光炫目令人睜不開眼，
善財說：「這代表財富、智慧、光明、人緣、名譽。」感受
到寶石神奇力量，心生喜悅，歡喜連連。

格爾木崑崙山西王母娘娘

◈ 善財古洞

◈ 拘尸那羅涅槃寺，體驗永不再落入輪迴框架

$ 三官的疼惜浴火重生

　　虛空中有佛界也有魔界，當運勢低迷，魔就會來對付我們，產生邪念來妨礙我們的時候，身邊的護法就會出來保護我們。所以在虛空中也有戰爭，這是無形的戰爭，就看當時我們的護法與心魔哪個力量較大了。

　　2016 年底大賠，這次我真的躺平了，頭脹脹的，磁場混亂受了內傷，時常告誡他人，並非鑽研股市就會有所收穫，如今自個兒也陷入絕境。患得患失的心理再次在腦海裡旋轉，在沒得到以前怕得不到，得到以後又怕失去，一旦失去將比沒得到前更加痛苦，深陷大富翁遊戲的漩渦，受盡苦頭。如果時間能倒轉，我會選擇不重視功名利祿的追求，做人若能淡於名利，就不致患得患失、自尋煩惱。既然遊戲走到盡頭，只能等待下一輪開局重新來過。而此時孤立無援把頭藏在被窩裡，股市收盤進入夢鄉。走上二樓，看見兩位師父各自在陽台角落，面對面盤腿而坐，穿直排輪深怕吵到他們，動作緩慢跨越門檻，偷偷摸摸進大廳，看了善財童子金身一眼，腳上直排輪瞬間變為風火輪，騰空而起準備飛出去悠遊。突然前方另一位師父把我給喊住：

　　「想去哪？你還有任務未完成，不能亂跑。」

　　「我不想管事了，再見！」正要飛出去時，對方又回話了。

「最近有賠錢吼！」

「還好啦！賺賺賠賠。」

「也差不多了，你過來看，上面有十件人生大事，時間不等人了。」

表現出事不關己的樣子，飛過去瞧瞧。只有文字敘述並沒有時間表，看到賺第一桶金…大賠…大賺…大賠…斷捨離保命…大賺…出一本經典財金書…還清債務…帶領群眾股海翻身…XX。當看到後面一項，嚇了一跳！緊張地把臉貼過去：

「這是何時發生的？我看看！我看看！」

一直找不到時間點，畫面變模糊，惶恐不安而醒來。夢中有三位師父，代表是三官大帝給我的神諭。原來這一生的命運早已被安排好了，經歷多次慘賠的教訓，大徹大悟方得升九天朝真而觀元始。在我體內，命運之輪已不由分說，曾經停止的時間沙漏，毫不留情地開始滑落，倒數計時中。回想大學畢業賺到第　桶金的經過，感到一陣喜悅，於是和陳董相約回到重逢的地方，品嚐迪化街美食，不論過了多久，都期待每次的相聚。歡喜地拿剛寫好的金融預言書給他，陳董看了非常開心，把我當成家人百般呵護。不一會兒，時間又把我拉回現實中，此時才想到已不復存在，滿面濕漉漉再次從夢裡醒了過來。

　　窮人為了三餐奔波，有錢人為了賺更多錢而受盡折磨，人生到底在追求什麼？哈哈哈，我快瘋了，別再搞我了：

　　「你們都走開，不然我要看美女圖了。」

　　「……」

　　「還不走嗎？這麼喜歡看哦！」只好使出絕招，露三點。

　　「……」引發一陣耳鳴。

　　「嘿嘿，知道厲害了吧！讓我睡一個長而不醒的夢，可以嗎？」

　　不久，趴在電腦桌睡著了。夢裡的人物是從未看過的面貌，但彼此卻如此親密，很自然地叫他「哥兒」，他也回叫我弟弟。哥哥帶我去看山看海放鬆心情：

　　「哥兒，最近操作不順，賠了 5000 萬，是資產配置的問題，好難過，可否安慰我？」

　　「弟弟，有無去靜坐？靜坐可修復你的磁場，使腦袋清醒。」

　　「廟裡人越來越多，令我十分緊張。」

「去靜坐呀！你還有 18 年時間，我再準備給你 2 年的資金用來拓展事業，進入軌道會賠 5 億，心臟要強一點。」

「不了，我已累了，可以好好睡一覺嗎？」

「去研究電子與金融的輪動節奏。閉起眼睛往額頭上看，就有他心通以及天眼通能力，常唸『喃無』…『喃無』…『喃無』成歌聲會有助力。」

親哥哥帶我到修車場，看到兩個朋友正在修車門以及返光鏡，這台車剛出了點狀況，外表像破車，但非凡的引擎是新裝上去的，顯得彌足珍貴。加好油向我這邊走來，輸送好氣息給我。感受到哥哥的朋友重情義，是值得深交的朋友，頓時心情變得輕鬆自在。兩位朋友拿令旗在我額頭及背上揮舞著：「肩頸放鬆，剛改裝好的車，你等等試開一下。」我坐上駕駛座，轉動鑰匙聽到強而有力的跑車引擎聲，便從夢裡緩緩地醒過來，原先驚慌失志以及徬徨無助的心情，瞬間消失無蹤。

當晚廟方打電話來，通靈住持說：「三官大帝有急事找你，叫你務必要前來靜坐。」到達現場，特別擺個陣，讓我一個人靜坐，外人不得靠近。我一坐下去，立即被定住不動，三小時後才站起來，卻一點都不覺得累。原來夢裡的親哥哥是天官大帝，特別送錢來，幫我換上強而有力的心臟，改裝

成跑車送給我，進入高速軌道準備在股海大戰一場。但我身上已沒錢了，哪來資金賠 5 億？一時摸不著頭緒。另外兩位加持的朋友分別是地官與水官大帝。在接下來幾次通靈中，千手觀音當面對我說：

「會請住持不要給你壓力，人少時來廟裡拜拜就好。」

「我習慣一個人，不喜歡面對人群，有空會來看師父您。」

此時，千手便透露一些事給我：

「我 08 年現形給你看，就是要你佛道雙修，你背著我去印度修行必有功，該給的不會少，要懂得惜福。」

「嗯，未來幾年運勢不好，我想靠自己還債，不想連累大家。」

「你的怨氣怎麼這麼強，當邪念來了，自己一個人擋得掉嗎？你是善財耶！要有善念，財才會跟著你。那邊無形推你一把，這邊拐你一下，平常家裡要不是三太子每天去尋，現在不知會變成什麼樣。」

回家後才逐漸想起，原來 2008 年看到的白衣束腰古裝女即是眼前的千手觀音。人們雖然有無形界的神在幫忙，相對

也有無形界的冤親債主前來討債,當債主來了,會像喝醉酒、EQ 降低容易發脾氣。我能感應到祂們幫我擋了不少災難,但該還的債終究要還,於是我想親身體會還債的感覺。千手就像摸骨神算,把我未來幾年遭遇以及股市行情給看一遍,猶疑思考、講話斷斷續續的。事情尚未發生,我不知祂在講什麼,僅是警惕自己要懷著善念之心,千萬不要有邪念產生。

「這個盤跌下來會嚇死人,你的腦袋還是很清醒。嗯…嗯…嗯…哈哈!若撐不住再呼請你的三元來協助。」

這是 2016 年底的事,由於事態嚴重,千手觀音擔心我記不起來,提醒我要錄音,反覆複習用來寫善書,拯救股海民眾。我知道祂在說未來會發生的事,但不曉得是哪一時期會發生,回家翻開 2010 年出版的《征股金融大海嘯》,第 55 ~ 58 頁天機圖,規劃股市會上漲至 2018 年,出現高點大跌至 2018 年底,隨後 2019 年是個多頭年,上漲至 2020 年初,全球股市就準備展開大崩盤。一看到這裡,應該是暗示 2020 年初要小心!既然還有那麼多年,暫不管它了,先管好現在的處境。

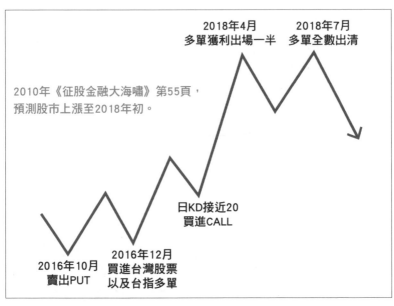

2018年4月
多單獲利出場一半

2018年7月
多單全數出清

2010年《征股金融大海嘯》第55頁，
預測股市上漲至2018年初。

日KD接近20
買進CALL

2016年10月
賣出PUT

2016年12月
買進台灣股票
以及台指多單

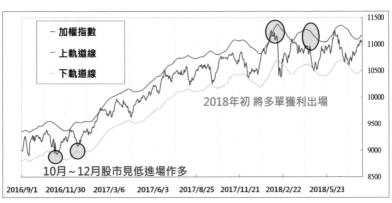

─ 加權指數
─ 上軌道線
─ 下軌道線

2018年初 將多單獲利出場

10月～12月股市見低進場作多

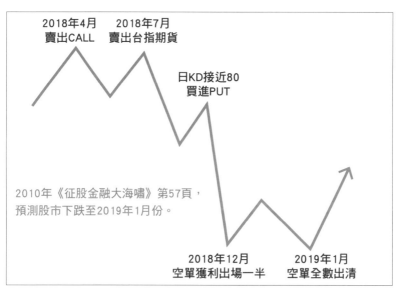

2018年4月
賣出CALL

2018年7月
賣出台指期貨

日KD接近80
買進PUT

2010年《征股金融大海嘯》第57頁，
預測股市下跌至2019年1月份。

2018年12月
空單獲利出場一半

2019年1月
空單全數出清

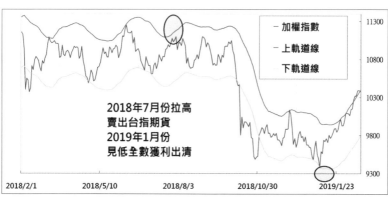

加權指數
上軌道線
下軌道線

2018年7月份拉高
賣出台指期貨
2019年1月份
見低全數獲利出清

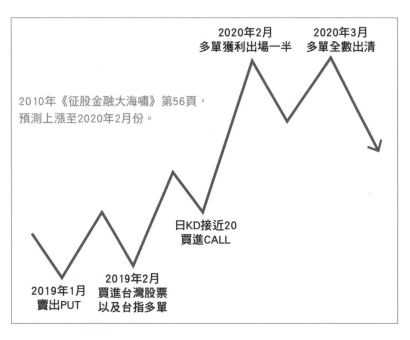

2020年2月
多單獲利出場一半

2020年3月
多單全數出清

2010年《征股金融大海嘯》第56頁，
預測上漲至2020年2月份。

日KD接近20
買進CALL

2019年1月
賣出PUT

2019年2月
買進台灣股票
以及台指多單

— 加權指數
— 上軌道線
— 下軌道線

2020年2～3月放空

2019年1月份作多

2020/03/18開主題文：
金融戰爭，四巫日石油主權基金
壓低結算，股市將V型反彈。

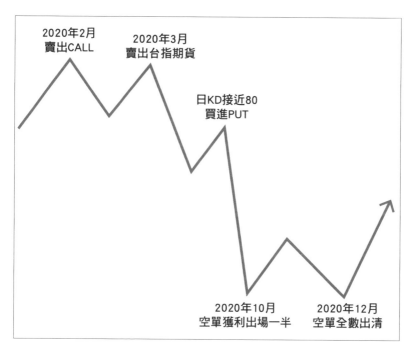

2020年2月
賣出CALL

2020年3月
賣出台指期貨

日KD接近80
買進PUT

2020年10月
空單獲利出場一半

2020年12月
空單全數出清

📈 2010 年《征股金融大海嘯》第 58 頁，預測 2020 年初股市即將大崩盤，2 月賣 CALL 先賺時間價值，3 月份放空台指期貨，並找時機買選擇權 (PUT)，從中賺取股市急跌的暴利。

突然想起 2016 年初有幾個特殊的夢境。我走進家門，看土地公一眼，然後向下看另一尊不認識的神，心想：怎麼家裡多出一尊神像呢？這麼酷，還帶著墨鏡。突然間，墨鏡上移，眼睛瞬間張開跟我說話，第一次聲音太小沒聽清楚，不一會兒，重新走進來，再輪迴一次，祂又再次張開眼睛對我說話，這次耳朵貼過去仔細聆聽，是台灣國語的口音：

「你來看我，我很開心。你用房貸來操盤要小心！」

「那只是用來買美金定存的，應該還好吧！」

「你看看，跟你講又沒在聽。」

「那要不要把房貸還掉？」

從頭上帶的帽子來看，祂是濟公，但搞不清楚為何來找我，兩天後寄來「南恩禪寺濟公活佛」的點燈表，帶墨鏡的濟公照片跟夢境中是相同的。家人說前陣子到嘉義，利用我的名義捐點錢，所以特地來給神諭的，便聽從濟公活佛指示，把房貸還回去。也因此，年底大賠時方能保有另一筆資金，準備東山再起。

2012 年底，由於判斷美元即將大漲，我建議人們買美元定存來投資，其中美元保單利息較高。台壽總經理閱讀《專業操盤人的致富密碼》第 155 頁，認為美元確實有機會大漲，欲請我吃便飯，他很好奇，怎麼有人可以在 5 年前就預測 2012 年底美元會開始走長多呢？我跟分別在通訊處當處經理的四姊與四姊夫說：「吃飯就不用了，澳幣保單利息 6%，利息雖高，但那是大戶設下的陷阱，千萬別推銷給保戶，免得害客戶受傷。」一年後，澳幣大貶三成，最低大貶五成，原本想投資澳幣的人轉向買利息較低的美元定存保單，慶幸躲過一劫。買貨幣定存保單期滿後，利息會逐漸高於銀行定

存，但其風險是要存滿期限，例如 6 年期的至少要繳滿 3 年，到期才能領回，不然會減損本金。先前保險公司賭人們不會按期繳錢，進而從中獲利，因此，有閒錢的人才適合購買貨幣定存保單。但這種高利保單都已停售了，若當初有購買的人，盡量不要解約，讓它利滾利，保險公司就頭痛了。一如預言書的預測，美元指數如期大漲，新興國家貨幣連鎖大貶，唯獨台幣比美元強勢，這是我失算的地方，追究原因是台灣之光——台積電——從國外賺了許多美元匯回台灣。但亞洲金融風暴以及世界大戰在未來有機會發生，一旦台積電即將被取代，即代表台幣的末日將近了。

清晨 6 點，耳邊傳來陣頭的聲音，隨即入夢坐飛機去大陸朝聖，遇見高官從中協助對抗美國金融戰，數不清的錢像飛彈在天空飛舞著，政經情勢非常緊張，隨即從夢中醒來。這是來感謝出錢贊助大陸以及台灣媽祖生日時的陣頭表演，夢境暗示中國跟美國金融戰爭即將引爆，但要先過眼前這一關，日後才有機會大展身手，因此持續入夢得到提醒，方能避開比破財還嚴重的災難。緊接著在朋友那邊，發現有兩個嬰兒嘴巴被母親貼膠帶，整個人用信封包起來，準備寄出去，一個已沒氣息，一個長了獠牙正在掙扎，我擔心他無法呼吸就把膠帶撕開。隨即帶著該位朋友的先生到神壇問事，一尊男性神明手舉高拿把劍，告訴我在石杯上面刻著字用來鎮宅；將一把沙灑在上面成字句給我看，我忘了上面寫什麼，猜想應該是鎮宅有關的詞句，另有一個花瓶要一起寄回去送給

我。然後朋友向神明發問：

「我能靠投資賺錢嗎？」心裡有所顧慮的問著。

「會連累親朋好友，要小心！」

「我可以幫他投資嗎？」我接著發問。

「不行！」

「那他是否認真工作就可賺到錢？」

「你說的沒錯！還有什麼問題嗎？」

「沒有了。」

　　清醒後，手舉高拿把劍，很明顯這是南投草屯的武財神。武財神生日當天正好去祝壽，神明生日通常比較忙，沒得到回應就先離去，慶生完主動來找我。夢裡兩個嬰兒被信封包起來，準備送出去，代表這位母親先前有墮胎過，一位死了，另一位還有氣息，我正在救他。而父親心中早有顧忌，知道墮胎對未來財運不好，所以問武財神能靠投資賺錢嗎？一想到這裡，其實我早該預料到了，認識的第一天很自然地跟她說嬰靈的故事，剎那間把她嚇破膽。但我並沒有救過他們的小孩，一時搞不太清楚，便直接跟這位父親對話：

「你們有墮胎過嗎？」

「真神奇！你怎麼知道？」

「我做了個夢，武財神說我不能幫你操盤，會影響到我的思慮。」

「好，我能理解。」

「你只要努力工作就有錢賺。我夢到兩個小孩，是否墮胎過兩次？」

「只有一次，我跟她一起去的。」

事隔兩週，發現這個妻子身上早有喜，原來另一位活的是現在進行式，正巧夫妻倆吵架想離婚，在大馬路母親雙手瘋狂敲打自己肚子：「我不要生了，我不要生了！」我知道他們愛財如命，便告訴他們：「墮胎等同殺人，財運不好是小事，日後多病短命，死後墮入無間地獄繼續受苦。明知故犯，你們是要倒楣幾輩子才甘心呢？」才一說完，先生立即體貼對待他的妻子，妻子的硬脾氣也收斂不少。

可是經過多年來的經驗，碰到這種事，容易得到反噬，這類人日後會為了私利，反以仇恨的舉動對待恩人。像在海邊救上溺水的人、把遊民帶回家住、遇到供養不好的靈、精

神異常以及自殘者，他們背後可能有惡靈正在抓交替，暗示著「可憐之人背後必有可恨之處」，倘若人們從中幫忙恢復到正常的生活，有些無形會嫌管太多，易變成被報復的對象，若身邊護法不夠強大，即會出事。而此階段正受到糾纏，為何別人做錯事，事後要我來承擔？因此應敬而遠之。為此佛母跟我說：「你可靠寫善書來救助世人，較不會受惡靈的干擾。」於是，現在與人來往全靠即時通訊，減少不必要干擾，穩固金融操作績效。

　　雖然天書沒有時間表，但隱約感覺時間緊迫，來到掙扎的盡頭，再不做會後悔莫及。破財是擋災，大破財的背後，往往是為了躲過迎面來的惡運，倘若獲利滿滿，將看不到人性的弱點，更不會防患未然。此時真心感謝老天安排好吉時讓我大破大立，為了避免被流彈波及，於是順應天意展開斷捨離。就像 20 年前離開陳董時，那種離情依依的情景，壞事做盡的人我們懂得疏離，但遊走法律邊緣的殺傷力才是最強，諸如墮胎、放高利貸、外遇、喝花酒以及酗酒，皆是斷捨離的對象。人若不尊重自己的身體，對家人沒有責任感，一旦出事情，必會以殘酷的手段將身邊人拖下水，無形中會搞壞投資者的好財運。其中一位因酒醉開車害了全家人，此景已在夢境中多次上演，時間逼近之中，只要離開就能破解，由於血光之災尚未發生，神經過敏將引來一陣謾罵叫囂，但平安最重要，壞人我來當。

接著聽從天官指示，研究電子與金融股的輪動節奏，以電子類指數除以金融類指數，呈現出電金比的線型圖，配合《征服金融大海嘯》的天機圖，推測 2018 年股市必有空頭修正。興奮之餘，順便把國際金融指數的比值研究一輪。預言書說明（2017）年 3 月起，黃金即將大漲至 2020 年 7 月，特別把白金除以黃金的比值給研究一翻，發現近百年來貴金屬多頭行情，白金總是漲得比較多，因此，上網寫一篇主題文章〈2017 下半年全力作多貴金屬〉，我們以作多白金為主。

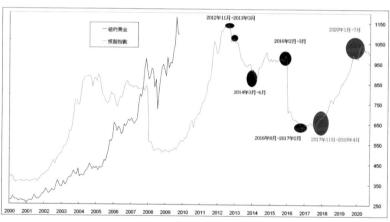

🔄 2010 年《征服金融大海嘯》第 126 頁，黃金天機圖。

人若衰，種匏仔生菜瓜。黃金如期大漲，跟天機圖走勢一模一樣，偏偏此波多頭白金牛皮漲不動，不知是白金量能少，籌碼關係被主力對作，還是我看錯了，陷入另一次死胡同。此刻祈禱擁有一顆透明的心靈和會流淚的眼睛，給我再去相信的勇氣。但礙於面子問題，並不想回頭請教三元來幫

忙，便聽從老網友「賣黑輪真歹賺」的建議，決定找關公協助。正巧前一年去中國朝聖拜會關公，詢問關公在台灣要如何找祂幫忙，回台後，關公立即前來託夢：

「遠征地…遠征地…遠征地…」歌聲由低到高，像《哆啦A夢》裡技安（胖虎）的聲音。

「這是什麼？」向三官請教，以為是三官來找我。

「不要問，不用求，自己想。」指著桌上地圖，要我去看。

「龍山寺，還有另一個是…」從板橋家裡出發，往東北方有兩個點。

「再看一次。」三點連成一直線放大給我看。

「龍山寺，最終目的在民權東路附近的…行天宮。」我跟一位友好的金主「呂董」，倆人仔細看著。

不一會兒醒來，當天正是關聖帝君生日。打開GOOGLE地圖，從板橋家、龍山寺到行天宮，三點果然連成一直線，真是有趣。於是前往行天宮請示關公，讓庭中師姐加持，去除穢氣。回到家情緒高昂，看起來有朝氣的樣子，但隔沒幾天，氣勢又降了下來，只好每三天就去行天宮加持，一共來回九次，感覺只是治標不治本。在行天宮閒逛時，發現流年

到達「掩魂」時期，每隔九年運勢低迷就會有冤親債主趁虛而入，倘若關公幫忙做掩魂法事，相當於身上多了一層防護罩，債主便無法找上我，進而避開惡運。原本想還債卻束手降服了，因為想到家人、金主們以及眾網友尚需要我的協助，不能輕易被擊潰，所以我決定做掩魂法事，避開這波低潮。

掩魂無須費用，但我發覺有個缺點，人類腦袋有一部分相當於電腦上的網路功能，可藉由思想與夢境捕捉到外在資訊，但此時身上多了一層防護罩，與外面隔絕，變成龜速上網，大腦難以吸收訊息，得不到新墨水供我寫書，只能因循守舊。幸好掩魂前，在聚財寫了一篇〈狙擊 2017 年 10 月黑天鵝〉的主題文章：

1987 年 10 月份美國大崩盤，單日道瓊指數暴跌 20％以上，使得 VIX 波動率指數從最低的 17 急速飆升至歷史天價，來到 150 之上。原本價值不到 1 點的選擇權（PUT），不理性的飆漲至 200 點之上，瞬間讓所有選擇權賣方大戶以及財團法人斷頭出場。這是歷史上選擇權賣方虧損最嚴重的一次，許多銀行一夕間宣告倒閉破產。30 年是個重要的週期循環參數，預計 2017 年 10 月份準備重新上演，於是上網通知網友，暫不要操作選擇權賣方，超級黑天鵝即將出沒。

雖然 10 月底黑天鵝沒出現，直至 12 月初股市拉回、空單先行獲利回補，但我仍堅持著，只是時間遞延。畢竟每十

年週期會遞增 1 個月的誤差，30 年則有 3 個月的誤差，亦即 2018 年 1 月底要小心黑天鵝的降臨。因此，時時提醒自己和網友千萬不要賣選擇權，當賣方這次必定會傷痕累累、難以翻身。不過，在運勢不佳時期，心手不相應，感覺把持不定，於是 2018 農曆年前，到松山慈惠堂找母娘求救。望見前方一位新來的師姐正拿一柱香幫信徒加持，一眼看穿她不簡單，附有通靈本領。

「最近肩膀有比較酸痛吼！晚上泡熱水澡會好轉。」

天氣冷，人人穿上厚外套，也沒觸碰到對方，怎知他人哪裡不舒服呢？這位師姐有點奇特！接著輪到我了。

「你近期投資要小心！頭腦要清醒點。」

「那要注意什麼事呢？」看見師姐稍微閉起眼睛說話。

「選擇權⋯先等一下，你很久沒來了，母娘正在等你，有些專業名詞不好說，等等去請示母娘會比較清楚。」

未曾見面，該位師姐便知我是投資客，果然有一套。由於通靈人不曉得什麼是選擇權，怕說錯話，所以欲言又止，我能理解。立即參拜母娘，把附近的人嚇一跳，因為我打了一個又大又響的哈欠，直覺告訴我要注意選擇權賣方的風險。

「我手中仍有 500 口賣 PUT 的部位，是否要先平掉？」

「聖筊。」叫我務必要將賣 PUT 部位平倉。

「大盤近期高點到了，準備下跌一波，是否正確？」

「聖筊。」

「可以請網友買 PUT 賺急跌行情嗎？」

「先笑筊再應筊。」避開風險要緊，不買 PUT。

今天是 2018 年 1 月 31 日下午，離 2 月 6 日選擇權賣方大屠殺還有 4 個交易日，隔天股市開高便獲利平倉，僅留 50 口。母娘說股市將下跌一波，但又不建議我通知網友買 PUT 來賺錢，猜想應該是急跌行情會再晚一個月吧！可惜的是，2 月 6 日一早起床看到美股重挫，捶心肝沒有買 PUT 賺到急跌行情。台股一開盤感覺不對勁，黑天鵝指標顯示背後有巨額的停損單，強勢火力即將傾巢而出，於是跟大家比快，立即將剩餘部位停損出場，此刻非常感謝母娘通知我平倉大多數的選擇權，進而避開風險。不一會兒「唰」一聲，引爆快市行情，選擇權市場正在大屠殺，許多攻上漲停，連看漲的 CALL 也莫名其妙漲停，龐大的買盤停損單大過賣盤，選擇權紛紛大漲 100 ～ 1000 倍，使得賣方大戶帳面上呈現負值。選擇權超漲，產生了很大的套利空間，見機不可失，立即賣

出選擇權賺取時間價值，一週到期選擇權全數歸零。相隔一週，帳面就多了五成財富，讓我有起死回生的感覺，倘若能保有最初的資金，現在可是億萬富翁了。雖然已提前警告過網友暫不要操作賣方，但悲鳴之鴻雁仍舊遍布曠野。

⚡ 2 月 6 日台指與選擇權的 K 線圖。

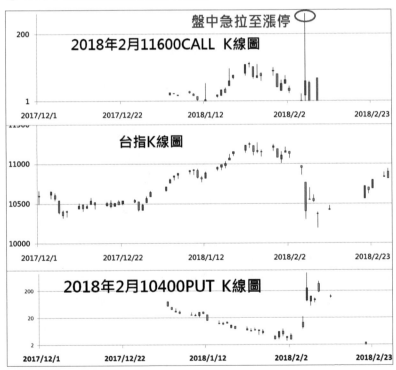

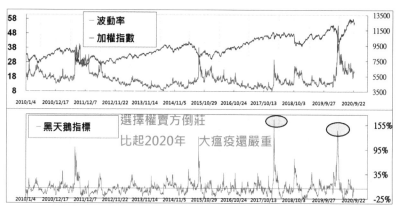

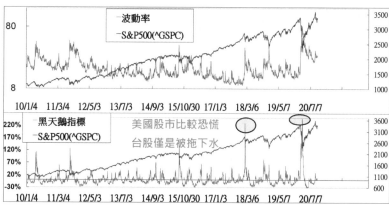

交易日期	到期月份	履約價	買賣權	開盤價	最高價	最低價	收盤價	成交量
2018/2/6	201802	10400	買權	325	1310	201	248	2896
2018/2/6	201802	10500	買權	250	630	155	190	4382
2018/2/6	201802	10600	買權	156	370	113	145	8677
2018/2/6	201802	10700	買權	103	309	81	104	15543
2018/2/6	201802	10800	買權	80	550	53	70	13757
2018/2/6	201802	10900	買權	37	199	32	45.5	26979
2018/2/6	201802	11100	買權	11	350	7.3	16.5	31667
2018/2/6	201802	11200	買權	6	55	3.8	10.5	34644
2018/2/6	201802	11300	買權	3.8	37	1.4	7.3	19811
2018/2/6	201802	11400	買權	2	99	1.5	5.5	22126
2018/2/6	201802	11600	買權	1.5	1000	0.1	4.8	13403
2018/2/6	201802	11700	買權	0.1	1090	0.1	3.7	10495
2018/2/6	201802	11800	買權	1	600	0.1	3.2	5980
2018/2/6	201802	11900	買權	1	300	0.1	3	3380
2018/2/6	201802	12000	買權	1	600	0.1	1.9	1956

💹 2 月 6 日當天開盤 CALL 的價格，配合大盤下跌而走低，但因選擇權賣方大戶被追繳保證金而不計價被迫平倉，失去流動性，紛紛破天荒大漲。

　　先自救才有能力救人，母娘今日救了我，我也漸進帶領一群網友避開風險，農曆年前表達感恩之意，點了「永久事業燈」。運勢最低迷的情勢已成過去式，早晨入夢聽到胖虎的笑聲：「哈哈！駕…卡馬…」，我知道關公來找我了，隨即畫面來到行天宮中庭，我手上拿把關刀，在最前方騎著馬，帶領後方兵馬從裡面繞圓圈，中途遇見師姐：

　　「記得說感恩『恩主公』。」師姐跟我說話。

　　「感恩『恩主公』。」裡面繞完一圈後，再向外面繞一大圈，下馬看著一群人正在排隊還魂，而我正等待紫微斗數神通大師「八佰」，她是母娘派的：「感恩母娘。」說完立即醒過來。原來今天是要回行天宮還魂的日子，一早把我的靈調去行天宮辦理法事，下午前往行天宮還願，添點香油錢。

　　2018 年底全球股市再度急殺一波，帶領族人放空股市以及電金比操作大獲全勝，彌補前年部分損失，主動申請「春斗法會瑤池金母正斗」，於是靈感來了，寫了一篇〈2019 年浴火重生〉的主題文章，通知網友該年度是個多頭年，作多只要避開年中殺盤，操作上就能游刃有餘。直到農曆 7 月 18 日早晨，夢到在一個大圓桌上跟一群不熟識的女士吃飯，看著一位阿婆級的年齡跟著大家舉起酒杯，以茶代酒，齊口同聲說：「祝聖誕快樂！」醒來查「聖誕」是什麼意思？原來這是佛、菩薩、耶穌或所信奉之神的誕辰。今天剛好是瑤池

金母（母娘）生日，發現夢裡的阿婆長得很像松山慈惠堂母娘，但神尊看起來年輕 30 多歲。

母娘在夢中持續傳訊息給我，跟家人在祖先供桌前聚餐，母親從手機修飾父親尊嚴的臉，大家看了笑呵呵！我看到雙親後面有金色數字、壽以及花瓶的圖樣，象徵要上天堂的歲數，提示要趕緊盡孝道，不要留有遺憾。我知道父親要先走了，於是暗示兄姊們：「此刻真幸福！趕緊拍張照，珍惜這一段美好時光。」看著剛拍好的全家福，畫面逐漸放大，最後停留在父親那一張和藹可親的面容，一旁播放王菲的歌曲。醒來上網搜尋：

有時候，有時候，我會相信一切有盡頭。
相聚離開，都有時候，沒有什麼會永垂不朽。
可是我，有時候，寧願選擇留戀不放手。
等到風景都看透，也許你會陪我看細水長流。

回想佛母對我說過一句話：「你是囝仔耶！要像小孩滿心歡喜，投資就有錢賺。」可是，此刻我再怎麼努力，幸福卻離我越來越遠。心裡默問菩薩：「可以不寫這一段嗎？不是說好要把快樂帶給大家，怎麼搞的，又變卦了！」我強忍住鼻酸。走著、走著，肚子餓、沒錢吃飯，隨即穿道士服出門討口飯吃，經過一戶人家，家中有 6 個小孩，最小才 5 歲，正在哭鬧，父母忙於工作、無心照料，於是蹲下來將雙手張

開，小男童擦拭眼淚走過來，順利讓我抱起，感應到小孩是囡仔仙轉世，專業為金融預言師，很自然地對他說道：「你要堅強！頭腦要比任何人都清醒，將來哥哥、姊姊、父母親、四海朋友以及眾仙班尚需你的照應呢！」不一會兒，歌聲來到「看細水長流」聲音逐步變小，直至聽不見，眼睛微微張開，便從夢裡真正醒了過來，不禁兩眼淚汪汪。原來上輩子做過的事，這輩子得以大顯神通，深深領悟到，人生在世除了賺錢之外，找回幸福真義，讓內心不再空虛，才是人們首要追求的。

思緒仍在谷底期徘徊，2019 年的夢境，傳來三元三旨已開的聲音，通知任務來了，腦海浮現 2020 年把《華爾街預言書》限量版補充公開上市。隨即打開電腦，測到股市大空頭會在 2021 年展開，但實在無心寫書。夢裡我拿一把香，失了神坐在椅子上，旁邊坐著新北市長侯友宜跟一位女士，他倆正在玩拍手遊戲，每隔一陣子就會拍我的大腿，拍了第三次很痛便起身。市長笑著對我說：「你拿上好的香忘了拜。」我看了手上的香，上面插著吃了一半的玉米，走到主神供桌上把玉米摘下來，並向前三拜。這一間廟沒去過，一次要插三柱香到香爐裡，繞了許久一直找不到，就醒了過來。

道教中，三柱香代表玉皇上帝或者三官大帝，黃色玉米插在三柱香上面，即是玉皇上帝。依多年出書經驗，玉帝會來找我，代表股市崩盤時間點將至，下旨給眾神，眾神將陸

續前來給我靈感出版金融預言書。這才發覺傻傻過了一年，沒什靈感寫書，可能是玉帝看不下去，叫我去廟裡請示祂。我住板橋，夢到新北市長說明只要在家附近的廟宇參拜就行了，並且要學習侯市長的精神，安守本分，不要吃碗內看碗外，大眾終究會認同你的。

正要下筆寫預言書的時候，嘴裡碎碎唸著：「煩呀！可以不寫書嗎？現在沒心情，文筆比我好的多得是，為什麼是我？」不知不覺呼請到三官大帝。當晚睡夢中，跑到誠品書店看書，一位讀者興奮地遞書過來，要我為這本書簽名。

「這…不是我寫的書。」

「你再仔細看清楚。」指著書名要我讀出來。

「技術指標在台灣運用的訣竅，這原作好像是…」一時想不出來。

「確實是你寫的，可以幫我簽名嗎？」

不一會兒從夢裡醒了過來。很自然記起「杜金龍」所著的財金書，在 1998 年大二時，首次購買財金書就是這一本，裡頭附有許多技術指標的運算公式及使用方法，利用 Excel 軟體，很快地將書中精華演練過好幾遍，許多自創指標以及週期循環概念，在此悄然形成。夢裡提醒我，可將技術指標

圖文並茂地寫在新書裡。這樣一來，的確能拼湊成一本書，隨即請示玉帝：

「我想毫無保留將股市密技公諸於世，可行嗎？」

每隔一陣子就去請教玉帝，全給我「聖筊」。

再向三官大帝稟報：

「預言書可在 2020 下半年如期上市，這個時間出版可行嗎？」

「應筊。」時間不對，心想挫賽了。

「是否股市走十年倍數的循環，以 1990 年以及 2000 年為主的大空頭市場，因此 2020 年初就容易見歷史高點反轉了？」

「聖筊。」

「若 2020 年初就要大跌的話，可能來个及公開上市。年底仍可出書嗎？」轉向玉帝稟報。

「聖筊。」玉帝總是給我聖筊，似乎本波空頭市場會跌得比較深。

　　回家再複習一下天機圖，感應到大熊市會持續到 2022 年，並在年底全力作多股市，股市將有另一波十年大多頭行情可期待，此時可開始鼓勵投資人「存股」。「存股」最早是賣基金的投信銀行想出來的名詞，漲也買，跌更要買，因為他們希望投資人無時無刻買他們所發行的基金，是一種誘人進入投資陷阱的詐術。其實最好的存股時機是大盤指數從最高大跌五成以後，每隔十年左右會有一次機會，並且與其買基金，不如買指數型 ETF。由於全球資金許多在 ETF 裡流竄，股市上漲會有助漲的態勢；步入空頭時，則易有急速趕底，原本已大跌的股市，因投資人不計價贖回，迫使基金經理人在低檔區再次追殺持股，造成連鎖性的殺盤，演變為「股市跌下來會嚇死人」的恐怖熊市。

　　會選在空頭市場前出書是有原因的，畢竟多數人只會作多，一旦股市崩盤將損失慘重，家庭失和會衍生社會事件，若能適時提醒人們避開股災，將有助於減少傷害，這比股市多頭帶領人們賺錢更加有福報。股市大空頭市場，所有類股是齊漲齊跌的，因此大盤上下波動極大，全面性崩盤之後，不一會兒又全面漲停，帶給人們希望，隨後再度落空，又將全面跌停鎖死。倘若手腳不夠快的人，會由大賺演變為大賠，思緒從人生頂端自由落體，起浮過大易染上精神病。此階段的股票市場像大型瘋人院，人們不是在操盤，而是被盤操。股市漲跌有其循環軌跡，生命循環跟隨在後，愛與恨的情緒隨著股市起伏，互相交錯參雜在一起，是多珍貴而生生不息。

2015 年《華爾街預言師》限量版面市後曾有個夢境：

「不錯哦！近期有出書。」大學同學提起出書的事。

「你怎麼知道，難道你也通靈了？」我從未跟大學同學提過出書的事。

「身邊朋友逐漸會有靈通，跟你一塊修行。教你啦！畫這個圖，可以呼請『玄天上帝』。」同學在白紙上畫個圓圈，圈內補上 S，象徵五行八卦。

原來是玄天上帝前來託夢，這是首次神靈在夢境中報出名字。有這緣分，應是前陣子與宮廟遶境出巡，師兄順從主神指示，拿淨化香粉特地跑來我這，很自然地聞一口，該廟主神玄天上帝就找上門了。於是上網查訪玄天上帝彼此能照應什麼？寫著驅魔有一套，便在紙上畫八卦圖。當晚夢境中即有道士幫我驅魔。跟著四姊夫走上二樓看大師，大師穿著道士服，叫我的大名：

「你的命盤很符合金融操盤的氣勢，順時跟著做就行了，不要賭來賭去，容易功敗垂成。明年運氣不好，你在印度朝聖幫助窮苦人家，被魔王纏身。你看看……」先快轉影片，接近畫面停格放大給我看，看到一張魔王的大臉。

「就是祂，所以運勢被卡住了。」

「那該如何處理？」

「你隨意捐獻，我們正在幫你施法。」

聽著大師唸經文，但感覺在做夢快要醒來了，跟四姊夫緊急走出去，盡量別想太多，希望能持續入夢。四姊夫見我在拿錢：「2000元就好了。」我直接拿給裡頭的弟子，他跟著我們走，正等著我的捐獻。四姊夫說：「你有捐比較沒問題，我則要到前面的廟拜一圈才能回來。不然回去也容易被無形纏身。」說著他就下去逛一圈，立即醒來。這是三官大帝，夢境中多次以算命師的特徵，從中幫我趨吉避凶。玄天上帝隔一陣子才來託夢。正在看道士林正英電影，心想他不是已升天了，怎麼有新電影可看呢？道士林正英一邊唸經一邊驅魔，中間唸到玄天上帝急急如律令，手上拿把劍，從後面指向前方，紅色光束跟著往前方飛出去，不一會兒醒來，暗示已幫我驅魔了，接下來是我要幫祂的事，隨即再入夢。一群人正在呼請眾神欲求股市密碼，沒呼請到就各自上學、上班去了；唯有我呼請到，忙了一陣子才去上課。正要開門走進教室時，門把是圓形的，上面指著由左而右旋轉，即能順利打開門，象徵太極，入座後老師已點完名，緊張問同學怎麼辦？同學知悉我握有股市密碼，老神在在的說：「遲到被當掉是小事，同學們會從中幫你的；股票的事，大家需要你的關照。」醒來後，感受身邊的事都是小事一件，使我覺得悲歡離合算不了什麼，玄天上帝助我能如期寫好金融預言

書，與眾人分享遇見未來的喜悅，才是人生大事。

多位高靈前來幫我驅魔，原來是多年前到印度朝聖被盯上了。在陰森的鄉下飯店，同行的人一個個跌倒受傷，唯我安然無恙，因為前晚夢中釋迦牟尼佛送來黃金袈裟跟天珠法寶。曾夢到大象神，象徵印度的財神，帶我遊山玩水，對我的預言書深感好奇，夢裡送一本致富密碼給祂。也有一些來亂的，可能是近期要寫預言書的關係，高靈紛紛來加持，讓我靜下心來寫書。此時在我的腦海裡，佛跟魔正在進行一場無形戰爭。由於情勢緊急，立即回到佛母身邊：

「你終於來了。中邪了，太晚來就不要來。」佛母生氣的說著。

「眾神已幫我驅魔了，應該沒事了。」師姐們檢視我的身體，拿一些防邪法器來，我摸了都沒事。後來師兄從洗手間用夾子夾住一包血腥來，我順手拿起來。

「中招了，一般人碰到會中邪、運勢不好。」

「哪有這樣？是你叫我拿的。」師兄裝作若無其事。於是佛母給我吃栗子來驅邪逐厄，我倒立從天而降，頭觸碰狗鼻子就好了。

「到廟裡腳不要踩門檻，多看家裡北方石頭可靜心。」

我看到頂樓有塊白石。

另一位師姐接著說：

「他身旁有人中邪！這邪氣跑會到你這來，要警戒！等等會在警局，眼睛閉上往額頭看就知了。」我看到一旁寫著紅色警戒的牌子，律師正跟一群人討論傷害官司，然後張開眼。

師兄接著說：「有看到吧！反噬到此為止。別理他們，過完這關就走大運。」

「嗯，可能是 EQ 低與人發生衝突，日後會多加注意。」不一會兒醒來。

命好不如運好，想到另一波大運要來了，既然都忍了那麼久，就再忍一下吧！一個月後，中邪之人果然被慫恿來鬧事。幸好得到提醒冷靜下來，腦海裡聯想到對方是帶家事來的，卡到陰難免情緒控管不好。直到警察來，對方自覺理虧，藉機要去驗傷，但我根本沒打人，沒計較就讓他們先行離去。黎明前的黑暗終於渡過了。佛爭一柱香，人活著只為了爭一口氣，有時那一口氣憋不住，情緒一爆發就難以收拾。這些邪氣通常會在運勢低迷、天氣悶熱以及颱風旺季的 8 月份發生，也因此農 7 月鬼門開經常會有一些奇異事件。

　　群眾是盲目的現實產物，當投資賺錢時，我是別人仰慕的對象；一旦慘賠就猶如過街老鼠。此刻真羨慕朝九晚五的上班族，沒有煩惱的工作，回家立即入睡，而我卻要 24 小時遭受精神上的折磨。親朋好友一個個離我遠去，只剩下 2000 年營建股全面漲停那一波一起打仗的老友以及金主們陪伴著。其中，有一位虔誠的基督徒，他是麻醉科醫師，從不相信命理，便拿呂董的命盤分別給四位算命師，各個異口同聲說這位不可能是醫生，叫我小心點，唯獨我認為不會看錯人。突然間，八百說：「應該是出生日期有錯，華仔你再問清楚一點。」於是小心翼翼問呂董：

　　「是否身分證的日期跟你實際出生的時間不一樣？」

　　「當時登記日期較晚，所以時間有誤差。」

　　「吼！要正確的出生日期才能算。」

　　「我以為用身分證就能算，正確是農曆 1 月 15 日。」

　　從小到大，平輩間有幾位是天官大帝誕辰出生的，皆跟我很要好，他們共有特徵都很會讀書、孤僻卻人緣好，且擁有正義之氣。難怪我在關公的夢境中，呂董會陪伴我一起看征戰地圖。首次碰到大我一輪的長輩，算都不用算了，此位即是今生今世可以跟我共患難的大金主。時間回到 2000 年網路泡沫，在當時最熱門的發財網、華山第一大門派帶領下，

賠了 5 仟萬，隨後才找上我：

「你的財在國外，買房對你較好，中國房地產最優。」

「會請哥哥幫我物色。那股票方面要投資多少？」

「100 萬來操作就好了，先把你的信心抓回來。」

「會不會太少？怎樣才能賺回 5 仟萬呢？」

「資金全用來買大陸房地產，必定會賺超過這些錢。」

「事後投資有賺再給你兩成佣金。」

「不用了，先把你的本賺回來再說吧！」

　　2001 年大學剛畢業已是仟萬富翁，得到陳董信任，掌管十億操盤基金，面對眼前的 100 萬，根本不夠塞牙縫，瀟灑地說不用了。在當時全台灣最有實力的主力群中，從事炒作營建、資產、原物料、加工絲股以及 DRAM 股，上網報的股票明牌，隔天總是全面漲停，可說是呼風喚雨、喊水會結凍。2001 ～ 2004 年間，呂董資金從 100 萬累積到 600 萬，雖然離 5 仟萬還差很遠，但他已恢復原有自信，開心地與家人和諧相處。至於房地產投資我也忘得一乾二淨，但 2016 年大賠，逐漸把過去利潤回吐出去，呂董仍不離不棄，最後他聽到我

說大陸房地產即將泡沫化，才提起這件事：

「大陸房子要賣了嗎？」

「何時買的？」

「2001 年你叫我買的。華仔，你忘了嗎？」

「SARS 前後階段，我跟許多人說，就算把老爸賣掉也要買房，但沒有人理我，可能他們的老爸不夠肥，沒人要吧！就沒追蹤了。大陸房地產要先跑，至於香港有陸客在，暫會撐在高檔一陣子。」

「好，我哥跟那邊的高幹陸續會將資金匯回美國投資。」

「你雖然是醫生，不過你那些哥哥運氣會比你好，感覺比較有力。」

「哈哈！沒有錯，他們投資生意一向很有眼光。我跟九位哥哥房地產賺了一些錢，兩成如何給你？會有贈與稅的問題。」

「什麼？那是你們應得的，我只負責股市操作。」

「不行，說好給你兩成就兩成。」

「先放在你那邊吧！以美國 IB 盈透證券為主，做好資產配置，分散投資在全球金融市場，我們絕不能重蹈覆轍。」

「好，另外我用你的名義捐一筆錢給孤兒院。」

「是我上次說的那一家嗎？」

「是的，當麻醉醫師精神壓力大，劑量、藥物種類等，都是要留意，且要能預測未來可能有的反應，我想早點退休，何時退比較好呢？」

「2020 年該退了，剩下的交給我，剛進入壯年期，還有力氣拚鬥。」

呂董聽了我的話，跟九位哥哥合資買大陸房地產，直至 2016 年房地產漲了十倍，替他高興之餘，我的胃也有飽足感。SARS 期間聽我的建言、買房地產成為暴發戶的朋友中，唯有他跟我分享，應他的要求，我也掏了心，把股市葵花寶典傳授給他的小孩。原本投資失意無心寫書，發現天官果真送錢來，頓時使我心無罣礙，故能盡其才而責其威功。但想到日後會賠 5 億，心中有些懼怕，倘若能先賺到 50 億再賠 5 億的話，那也無須恐懼了。衡量一個人成功的高度，不是看我們站在頂上的高度有多高，而是看我們跌落谷底時，反彈的高度有多高。於是乎靈機一動，原來這是老天爺給我的考試，只要遠離貪、嗔、痴就不會有後顧之憂，少了這筆錢，我也

不會餓死；擁有的多，反而多了深層煩惱。此刻缺乏的是信心，回復原有自信，許多事自然能迎刃而解。此生任務是導引投資人翻身致富，本是快樂的源泉。

為此到三官大帝面前表達感恩之意，開心地告知呂董一家人的種種，隔一陣子送來密碼，要我化解他的心魔。

「我夢到走進你家，看到皇親國戚，但是…」

「但是什麼？」

「一進門就有人在辦喪事，走到中庭又一個，共兩個。」

「家裡有個哥哥肺癌末期。」

「通常是近期身體較弱的會先走，你再注意一下。」

「好。」

此時我想到呂董是個專業的麻醉科醫師，他必定會用最好的藥及方法治療，老天給我密碼是來通知「盡人事、聽天命」，凡事要懂得放下，生不如死會使病人更加痛苦。

「既然時間到了，看看能否在睡夢中安穩上天堂，對彼此皆好。」

「了解。」

半年內走了兩位親人，全是在睡夢中不帶痛苦的離去，使得原本傷心欲絕，內心突然得到心靈上的慰藉。

翻開 2007 年出版的《專業操盤人的致富密碼》第 156 ～ 160 頁，內容提到，繼 SARS 之後，接近 2018 ～ 2019 年的冬天，全球將面臨另一波大規模疫情。流感的循環週期有較完整的紀錄史，從第一次世界大戰結束前，1918 年秋末冬初開始驅動。目前尚無特效藥的流感病毒，是因為每隔 10 ～ 11 年病毒基因將突變一次，與太陽黑子循環週期高度密切，疑似太陽輻射的因素，甲型流感病毒的血凝素將發生一次大變異，引起 1957 年、1968 年以及 1977 年共三次全球性流感大流行，每次皆造成大量人口死亡，未來接近 2008 以及 2018 年的時間點將有機會發生。而每隔 30 ～ 40 年，甲型流感病毒的血凝素和神經氨酸要同時發生一次大變異，往往更容易造成全球性流感的大流行，這也是為什麼接近 2008 年生技股容易大漲的原因之一。再從人類傳染病史來看，每隔 100 年便會出現一次大流感或大規模戰爭，將 1918 加上 100，以此推測大瘟疫會在接近 2018 年的時間點發生。

在 2007 年寫這一篇時，參拜母娘心中已得到 2018 的密碼，但我對醫學名詞並不懂，只好請教欣翰同學跟麻醉科醫師，才完成整篇預測。人生求得知識，到底是先學習 1 加 1

等於多少？還是先知道 2 的答案，事後再去尋找中間的計算過程？何者較能掌握未來呢？對於我來說是後者。在大學時期，親人紛紛鼓勵我去考股市分析師的相關證照，日後當基金操盤人，但我連一張金融證照都懶得去考，原因是我已遇見未來，若走正規路，將浪費數十年的時間考試，最終考不上分析師證照；就算考上了，也進不了操盤室；就算進了操盤室，也需聽從長官指示，被當成傀儡；就算操盤有賺錢，也需補償給操盤賠錢的長官們，清濁同流、何苦來哉？宮廷劇的鉤心鬥角實在不適合我，於是一開始選的路是當個自由的投資客，不須看別人臉色。一旦選對人生方向，這讓我節省數十年的時間，人生即是彩色的。

2019 年底，全球尚未發生大瘟疫，於是上山請示母娘：

「書上寫會發生大規模傳染病，是否仍要注意？」

「聖筊。」母娘已看到新型冠狀病毒正在 2019 年底傳播中。

「那近期可賣選擇權，賺時間價值嗎？」

「應筊。」

多年前就開始注意疫情了，但我主要是問選擇權行情。由於選擇權賣方勝算大，通常會給我聖筊，首次出現應筊，看來事有蹊蹺。2020 農曆年便空手觀望，也呼叫網友股市大

波動即將在 1 月份出現，暫不要操作選擇權賣方，進而避過新春開紅盤的股災。配合預言書來不及在年初上市，也夢到自己昏昏欲睡，坐火車北上，快到終點時，從山下成群堆疊上來的黑熊跟我招手，夢裡我開心跟牠們 Give me five。不久，全球股市因大瘟疫的關係展開大崩盤。

每當神準預測，未必能從中獲利，為此請教千手師父：

「你的心思非常細膩，世上無人能比，適合寫預言書。」

「難怪我能把未來金融行情規劃得鉅細靡遺。不過，我要如何用細膩的心思來操盤賺錢呢？漲也賺、跌也賺，操作國際金融市場早晚都能賺的那種。」

「哈哈哈！你只要靜下心來就會賺錢了，再用心把預言書寫好，任務完成後面就會給你大筆的。」

大瘟疫造成全球股市多重恐慌性殺盤，像場演不完的連續劇。當急殺至低檔區、即將反彈時，石油國再來踹一腳，此時藏鏡人已現出原形，我知道光有美國總統川普的 Twitter 這把倚天劍還不夠，應該把石油國主權基金的操盤人加到 LINE 投資群組，方能奪得屠龍刀。在股市上漲階段懂得作多，下跌時也懂得作空，猶如左手握有倚天劍、右手享有屠龍刀，用以征戰股海可說是天下無敵。於是向眾神回報此狀況，運用他心通，希望能得到他們的內在想法。

　　美國股市熔斷、熔斷再熔斷，歷史上從未發生過，真是驚心動魄。因經歷過 2011、2015 以及 2018 股市黑天鵝行情，見波動率來到最高峰，在股市低檔轉折區賣週選擇權最好賺，不到兩週時間，在 S&P500 當賣方，帳面獲利五成。但這次比以往都恐慌，連續熔斷的股市令人措手不及，瞬間倒賠了。正如摸骨神算、千手師父所說的：「這盤跌下來會嚇死人！」剛開始還自信滿滿，但到達末端區真的把我嚇傻了，差點閃尿，趕緊向三官求救。天官大帝說：「盤勢已超跌，會有一波 V 型漲勢。」醒來感應到石油國主權基金，目標是為了壓低結算，於是上網寫一篇主題文章〈2020/03/18 金融戰爭，決戰三月歐美股市選擇權結算〉，告知低點到了，股市即將 V 型反彈，三月份四巫日，美股結算在本週五（3 月 20 日），幕後黑手不會等到結算當天才製造利空下跌，預計結算前全球股市就會見低反轉。

　　4 月中全球股市已有一波強勢反彈，多單獲利了結反向作空。隔晚頭昏感冒，深夜咳嗽咳不停，難以入眠，坐上按摩椅放鬆一下，不知不覺睡著了。國中同學緊張地帶我到教室裡，瞬間我的年齡來到 15 歲，教室後面穿著白袍醫生與母親正在等著，便坐下來看病：

　　「別擔心，你的身體很強壯，可以活到 60 歲。」醫生鐵口的說。看著帶我來教室的同學，一臉無辜表情，引來同學們一陣哄堂大笑。

「緊張什麼？現在才 15 歲，還可以活很久。」同學們的內在想法。

「你是隊長，背負眾人的期待，出關前要顧好身體。」母親對我說。

「嗯。」我向母親點頭回答著。

「少吃點肉。」醫生對我說。

「是每個人少吃肉，身體會比較好，還是只有我？」

「每一個人。」

「那就少吃肉，多吃青菜水果囉！」

同學們開心帶我走出國中校園，不一會兒醒來，回到真實的 44 歲。近期正是新冠肺炎高峰期，身旁善財童子看我咳嗽不停，以為被感染了，急忙帶我去看醫生。夢裡醫生提醒少吃肉，可能是 4 月 17 日放空被軋，趁著假日吃了大份量牛排，欲把牛市吃掉，引來一陣熊市。不知管不管用，正好想吃牛排，姑且試之。好不容易 21 日大盤急殺 300 點，將空單獲利出場，於是信心大增。

另一套發財致富的數學題來了，每當太陽黑子循環週期

結束的前後階段，股市終將重挫收尾。太陽表面炙熱氣體的巨大漩渦，每隔 11 年左右循環一次，前一波太陽黑子週期結束於 2008 年 12 月，恰巧是金融大海嘯過後的底部區，2020年正處於第 24 個太陽週期結束末端，即將轉向第 25 個新週期。但太陽黑子週期通常在 9 年～ 14 年的範圍間遊走，本波股市空頭市場的末端區，有機會發生在 2008 加上 14 年、大約 2022 年底。全球股市見低點之後，將展開另一波十年大多頭行情，在此之前，投資人暫先避開 2021 下半年的空頭洗禮，直到 2022 年底方有資金進場，屆時華仔會組股市研究團隊，重新帶領人們佈局全面漲停主流股。

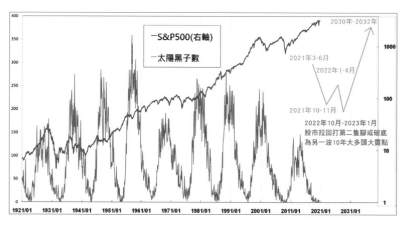

太陽黑子數與股市的關係

　　有些預測使不出力，感覺週期循環正在變形，擔心影響到預測的準確性。正在煩惱如何完成預言書時，夢裡我帶著

華爾街預言師 上冊

一群弟子遊山玩水，走到山上把草稿遞給師父看，師父對著天機圖擠眉弄眼：

「書分為上下冊，上冊以預測股市為主。」此時師父立馬變為大黑熊。

「呵呵，師父您真會搞笑。」我以為師父在變魔術。

「假的吧！Magic！」弟子看著師公變成大黑熊，模仿魔術師咒語，但我向前摸了一下熊，感覺很真實的皮毛。

「哇！這是真的熊。」小心翼翼地勸導大家不動聲色，躲在沙堆裡。

這隻熊昏昏欲睡在夢遊，看到溜滑梯清醒過來，興奮地溜下去，整個身體鑽進沙堆裡，跟我們玩躲貓貓。人們以為熊會再爬上溜滑梯，忽然發現沙堆裡暗藏一座溜滑梯，通往地下室。大黑熊再次快速溜了下來，整個沙堆承受不起重量，所有人跟著一起崩塌，醒來腦海裡印出金光閃閃888的數字。

此夢境說明股票市場的大熊市就在眼前，許多人沒碰過熊，以為股市跌下去又會彈上來，不過這次是正港的熊市，股市行情沒有最低，只有更低。當股價跌到地板，別以為很低了，下面還有地下室；跌到地下室，還有地下18層地獄，暗示投資人遠離股市才不會受傷。預言書分為上下兩冊，是

因為人為干擾金融行情，暫不好預測，待 2020 年底美國總統大選後會比較明朗。此時心中滿心歡喜，萬萬沒想到可以分為兩冊來出書，好讓我喘口氣。至於下冊，將其餘金融行情與週期循環秘技完整規劃出來，傳承給弟子們，888 閃耀奪目的數字則是限量發行的本數。

雖然逐漸走出低潮，但心中的魔仍在，佛界與魔界正在腦海裡進行一場世界大戰。看似風平浪靜，可是內心焦躁難安，解決心理問題，吃藥只能治標不治本，接觸大自然之靈氣、看山看海、靜下來冥想、深呼吸使全身放鬆，則是最有效的方法，當大家都懂了，精神科醫師就會失業。靜坐時，看著手上天珠，想起印度朝聖，釋迦牟尼佛吩咐我帶在身上，用來拓展天眼。首次配戴天珠法寶，看到了英鎊以及輕原油崩盤的畫面，回顧《華爾街預言師》限量版，千手師父指引在 2015 年 5 月 15 日出版，主要針對 2015 下半年股市、2017 年英鎊以及 2020 年輕原油閃崩行情做進一步預測。

◉ 《華爾街預言師》限量版,第 170 頁外匯天機圖。

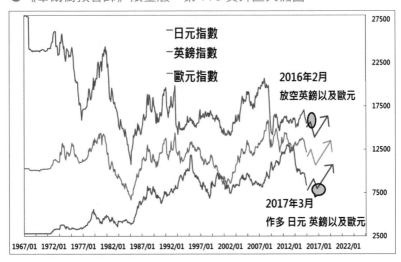

如圖為日圓、英鎊以及歐元期貨指數的互動關係。在 2012 年 10 月份,筆者在聚財網發表一篇主題文章〈2013 年初美元又將升值〉,建議投資人分別放空黃金、日圓、澳幣以及美債期貨。半年後這四項金融商品陸續崩盤,我們預計下波拉高接近 2016 年 2 月份的高點,可注意下一波放空時機,屆時以英鎊、歐元為放空標的。而在 2016 下半年,因日經指數大幅重挫的影響,日圓有領先打底升值的味道,待 2017 年 3 月拉回打雙底,逢回再作多日圓會較穩健一點。

● 《華爾街預言師》限量版，第 171 頁作空英鎊操作策略。

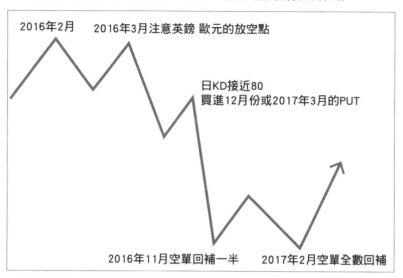

　　英國女王伊莉莎白二世於 2015 年 5 月 27 日的國會開幕大典上，提到舉行公投的計劃，同月政府向下議院提交舉行公投的法案，最終於 2016 年 2 月正式公布公投時間定為同年 6 月 23 日。英國脫歐公投後，近半年從「脫歐」到「留歐」，再發展為「硬脫歐」與「軟脫歐」之爭，這個出乎意料的公投結果痛擊英鎊匯價，使得英鎊創 31 年新低，英國經濟如履薄冰，適逢明年歐洲大選年，再度醞釀大變，全球政經前景被不明朗因素籠罩。

🔵由於英國脫歐的關係，使得英鎊崩盤。2016 年底，日圓果然領先打底，率先大漲一波，歐元隨後也跟著大漲一波。

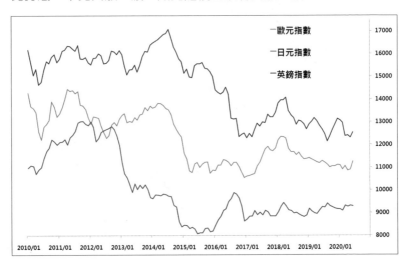

📈《華爾街預言師》限量版，第 173 頁紐約輕原油天機圖。

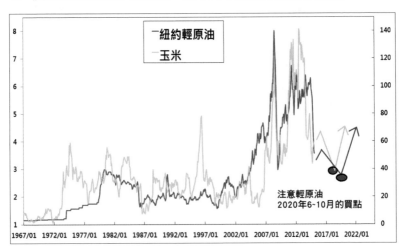

紐約輕原油果然在 2020 年見低反轉。

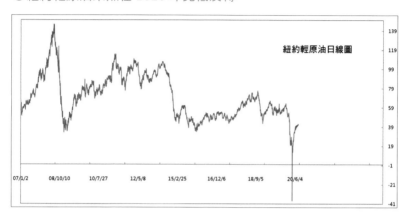

　　股票分析師可以看圖說故事、隨機應變,但預言師無法亂槍打鳥,是非善惡要分明,為人處世才能行得正、坐得直,不能有私心,方能保有完善的靈感來預測未來,這即是正牌預言師的命運。前文〈金融戰爭的蝴蝶效應〉預測的主體,龍頭是美元方向,龍尾巴則是大瘟疫,當這兩項都預測到了,中間各項金融行情的細微變化逐步推敲出來,即能完成一本預言書。

　　美元 2013 年確立走長多,只要美元這個龍頭指標預測正確,我知道往後的預言皆會成真,只是時間差的問題。因此,2013 年首先是黃金、日圓領先暴跌,接著是澳幣、英鎊、歐元接續大貶,然後接近 2014 年輪到農產品走長空、國際利率迅速走低,最後一棒則是輕原油價格跌落谷底,全球失業率向上飆升跟大瘟疫有關。這些預言分別寫在前幾本預言書

裡，一連串的預言是有系統整合的。當人們看到 2020 年 4 月 20 日的負油價，代表所有跟美元有關的原物料商品皆已大跌一段。但長期而言，美元有機會長多至 2025 年，直至亞洲發生金融風暴、台灣大地震、房地產崩盤才會反轉。1998 亞洲金融風暴可能重演，當時房地產也是先跌一段，口袋深的建商會護住股價，美化帳面，直至股匯市連袂大跌，大家急著將資產變現、轉換成美元時，房地產即會成為被狙擊的目標。

歷史不斷重新上演。美國故計重施，把 1990 年代的日本搞垮後，再培植出中國來抗衡。如今正在搞垮中國，欲培植印度來抗衡，目的是為了將負債轉移亞洲，即能減緩美國負債，無限 QE 並無損美元價值。然而負油價也是個陰謀，尤其是 5 月小輕原油結算前一個月取消熔斷機制，讓輕原油無漲跌幅限制，配合結算前美國臨時修改法令，規定即日起可負值交易。由於美國總統川普的頁岩油金主虧損累累，故修改遊戲規則來圖利自己，在許多人不知情的情況下就強制實行了，用意是要把輕原油期貨打入負值結算，從中賺取黑心錢。若在正值交易，輕原油從 20 美元跌至 1 美元的過程中，作多的人早已被迫斷頭出場，損失有限；但賠最多的人是接近 0 元的交易者，許多人認為最低不會跌破 0，所以接近 0 元便無限量的買進。

我自己就買一口小輕原油，原本是想買 100 口，但心中感覺怪怪的，不貪心先試一口來體會。沒想到一小時後，最

低跌到 -40.32 元，早知不要體會，真是欲哭無淚。期貨系統許多在負值是無法交易，因此無法停損出場，只能等結算被清算，多數人期貨保證金帳面呈現負值，負債累累。其實幕後黑手大可將結算價壓低在 -100、甚至 -1000 美元以上，畢竟是現金結算，且只有黑手能在負值交易，但他選擇大家有點痛又不會太痛的點來結算，是否要稱讚算是有點良心呢？我自己買了一口，瞬間賠 60 萬，幸好不是 100 口，不然就要去賣蔥油餅了，這算是種福氣嗎？此刻也只能這樣安慰自己了。美國大、小輕原油未平倉量各有 50 萬口，加上中國大陸以及跟石油有關的期貨商品，配合選擇權賣 PUT 的損益，全球交易超過 200 萬口數，每口平均損失 60 萬來計算的話，推算黑手從中捲走超過一兆台幣。無預警修改遊戲規則，坑殺全球投資人，殺人於無形，這就是金融戰爭可恨之處。

眼看上冊快寫好了，曾來託夢加持的神佛都有寫上去，開心跟家人說要出書的事。緊接著一位親人有個奇異舉動，把洗好的碗筷拿到客廳，悶悶不樂用衛生紙擦乾，令我察覺漏掉祂們。從小到大常和囡仔仙玩樂，跟祂們就像同學一樣相處融洽、不分大小：

「你是誰？」我不確定是哪一位三太子。

「我是中壇太子」轉過身，大姆指很有自信比著自己。

「是有六合彩明牌給我？」感應到要用來寫書。

「阿母說不能跟別人說。」搗住嘴巴，深怕說出口。

「咱們是好同學，說一下嘛！嘿嘿，想喝汽水嗎？」

「給我汽水，喝完我就走。」手伸出來，輕聲細語地說。

「但家裡汽水喝完了，要不要跟我一塊出去買？」

「我知道喝完了。走，出去買。」牽著三太子過馬路。

「你先看好，有喜歡的再打開冰箱，才不會浪費電。」

「看好了。」共選了三瓶不同口味 330ml 汽水。

「有感覺嗎？」回到家門口前，我用手指摳對方的掌心。

「我是男生，沒有感覺。」像機械人一樣，目不轉睛。

「那我開門進去囉！唉呀！」被如來神掌重擊背部。

「我們是兄弟耶！你怎麼可以這樣對我？」

「你不是說沒感覺。唉呀！下次不敢了。」

中壇太子很快地喝完兩瓶汽水，第三瓶喝到一半，幫我更換風水魚的水，陪祂一同去換水。「轟」一聲把魚缸震了

下來，退駕後，水沒換好就去忙自己的事了，一個人傻乎乎走來走去，好像忘了什麼似的，我好奇開口問：

「有沒有感覺肚子怎樣？」

「什麼？唉呦！肚子好脹，怎麼會這樣？」

這尊中壇太子是 15 歲的資歷，是三太子中年紀最大、個性最溫和的一位，多次附身在親人身上跟我交談。有一次談前世是道士的由來：

「為神佛服務，當專業無私的道士，必須三選一。」

「什麼三選一？」

「殘障、窮苦或孤獨，在轉世前就要先選好，以此來化解私心。」

若不離了塵埃，怎能免牽絆？人們為了生存難免會有私心，唯有不在乎名利權，配合天生有某些殘缺的專業人才，可將私心化到最小。這是在轉世前，自己事先挑選好的命運，因此，當預言書鉅細靡遺準確預測 2008 年金融大海嘯，並沒有上財金節目大肆宣揚，亦不曾出外工作與人們爭權奪利，原因就在這。

「那我選什麼？」

「我猜你是選窮苦，不跟信徒計較錢的道士，所以才會有這一世。」

「我這一世是金融預言師，也要三選一嗎？」

「你的雙眼，先天上不是有缺陷嗎？」

「雙眼跟家人截然不同，原來上天早有安排，那我第一世是什麼？」

「當然是善財，不然怎麼會有後面那幾世？」

此時令我豁然開朗，原來每個人的第一世是靈魂工作者，先有靈魂跟肉體結合才轉世為人類。因此，你我的第一世可能是某些神靈的化身或分身轉世下來修行的，如果在我們的專業領域，總是能精準判斷未來，代表保有神性，此時應是在轉世投胎七世以內；如果一直沉迷在大富翁遊戲，依官仗勢將失去準確判斷能力，代表離神性愈來愈遠，此時可能轉世投胎幾十世去了，始終停留在人世間受輪迴之苦。

先前要的六合彩明牌來了，第一天夢境看到「雙5」，第二天有「5」的數字印在腦海裡。當晚附身在親人身上，經由祂同意我拿起DV來拍，這位是三歲的太子，吃著奶嘴

跟我報 5 號籤一期即可，祂知道我不簽牌，便報給會算牌的組頭，5 號跟 25 號。

「字尾 5 的本來就快要開了，你是怎麼知道的？」

「嘿嘿，我連股市都會預測了，這些號碼算得了什麼？」

兩組數字如期開出，組頭請我吃飯時差點拿香來拜。

「喂喂喂，我還活著，別亂拜。」

「哦！不好意思，我以為三太子附身。」

遠房親戚雖然知道帶有偏財與神助的命格，會有靈感得到金融密碼，但也深感好奇的問：「為何沒走宮廟，本身也不是虔誠的道教徒，怎麼家中會有三太子附身報牌？」關於這點，我從日記裡發現一些端倪，每當身旁親人懷孕第一週～第四週，而我在場時，即會出現在我面前，這可能跟胎神有些關聯吧！間接暗示跟我有關的人，祂們都會在暗地裡從中協助。

隨後三太子們一連串夢境給我，欲將預言書做結尾。首先我看到剛學會走路時，鄰居小孩推我一把，整個身體向後倒仰，背部強烈碰撞到地上，但頭往前一縮，後腦杓並沒有觸碰到水泥地，母親全程目擊，原本擔心的眼神轉為笑臉。

上幼兒園前，父母親忙於工作，兄姊們上學去，獨留我一
人靜靜在家玩象棋打仗遊戲，姊姊的算盤當作戰車，家裡有
一群小孩陪我玩樂，僅一位小女孩在我身旁吃布丁，祂應該
是龍女。沒錢讀私立幼兒園，菜市場就讀公立幼兒園的小孩
要搬家，欲從中班轉讀到外地，因而有空缺遞補，帶著我們
一塊去註冊，園長認為年紀小，不能讀中班，且名額要讓給
備取，由於跟園內小孩玩得不亦樂乎，園長看著翹首盼望的
同學們，冒著違規的風險，破例讓我從中班開始就讀。小四
時，有三位高我一個頭的六年級生又來欺負女生，瞪了他們
一眼，想過來修理我，令我反應變大抓狂中，頭皮發麻發緊，
哈欠連天流眼淚，先一拳擊倒一位，流鼻血在旁不敢亂動，
一位見大勢不妙從後方架住我，欲叫另一位來攻擊，頭用力
向後一甩，令他牙斷血流，身體向前傾，使其重重摔在地，
頭腫一個包，最後一位則用無影手在他脖子及臉頰抓了幾道
傷痕。班上力氣最大的葉同學看到我在發抖流眼淚，以為被
高年級欺負了，下課請六年級大哥們討回公道。三個人頭低
低的，知道惹到地頭蛇，不敢吭聲，六年級的老大：「你們
三個頭抬高，敢欺負弱小就要付出代價。」把頭抬高後，另
一位六年級大哥察覺不對勁：「你們傷痕累累，到底是三個
欺負一個，還是三個被一個打？」全場大笑起來問我的意見，
由於本身只是受了點驚嚇，最後握手言和。

　　20 年後的 2008 年，分別將《數位操盤》以及《專業操
盤人的致富密碼》，當面交給葉同學的父親，當作報恩幫他

躲過金融大海嘯，我只給三位國小同學，只有他躲過。但我發覺藉由預言書，讓人們渡過人生低潮，轉移注意力才是主要目的，有的是去提醒應立即退休，別再為工作而活，免得賺了錢沒命花，但恐人微言輕，不足為重。由於屢次展現驚人的爆發力，連自個兒也莫名其妙，長大後得知是三頭六臂太子從中協助的，因為祂最會打架，由於喜歡吃烤玉米，一旦有好吃的，即刻呼請，整桶一口氣吃完，親人醒來肚子總是脹得受不了，我也不敢說是怎麼回事，只好調配額度，別讓親人肚子受罪。

終於等到擺脫輪迴神諭的夢境。一位師姊要我找經書給她，她想學習背誦經文，迴向給大眾，於是找一位師兄去尋寶，師兄說：

「諸法乃是…乃是…有許多法門。記起來了沒。」

「忘了，全忘了。」

「我用念力與佛力迴向給你，只要體會到就行了。」

一群師兄在唸經文，感覺非常放鬆，隨著歌聲來到另一個地方。佛陀來告誡：「寫完這一本金融預言書，屏除貪、嗔、痴等一切煩惱，將得到至高無上的解脫。」於是開心地跟一群和尚唱起卡拉 ok，慶祝一番。難度極高的饒舌佛教歌，螢幕上有字幕可觀看，唱到後段一口氣要唸完 300 多個字，

中間不能換氣才算通過考試。師兄們利用分身接力唱，在作弊中順利過關，他們都得到解脫，僅剩下我：「屁啦！這也能作弊，原來脫離六道輪迴是騙人的把戲。」主考官：「知道就好，說話要得體，別老是屁來屁去。」枉費我幾世心血，令人不爽，一怒之下，將在場所有人五花大綁。逐漸感受在作夢，察覺另有提示，心想糟糕：「饒舌歌太難了，全忘了，拜託，可否補些簡單的，這首歌市面上並沒有。」隨即躺下來持續入夢。年齡瞬間來到 15 歲，自己因做錯事，像在坐牢般，身為隊長卻無法參與接下來幾場棒球比賽，國中同學們少了我這王牌投手兼第四棒強棒，各個無精打采。由於表現良好，提前被釋放出來，金光閃閃到達戰鬥現場，教練指定我代打，廣播一播出，全場歡聲雷動，大家知道隊長回來了，立即提振球隊士氣。雖然在滿壘的情況，仍想投四壞球保送上壘，照樣一棒揮出場內全壘打，隨後各場比賽屢戰屢勝，帶領同學們取回失去的榮耀。夢境中有一首熟悉、但聽不懂的英文歌曲不停播放著。原以為是日有所思的夢，並不以為意，畢竟從小就很神氣，醒來意興闌珊勉強搜尋一下，由於是熱門歌曲，打上前面兩個單字，網頁立即自動列出完整歌名《We Are The Champions》，翻譯如下：

我已盡了全力　一次又一次
我已經服刑完畢　但我並沒犯罪　而一些錯事我倒是做了些
屬於我該承受的那份沙子已經踢到我臉上了
但我撐過了　我需要的是持續邁進

我們是冠軍　我的朋友們

我們持續戰鬥吧　直到結束為止………

首次看到歌詞，有莫名的感傷，全身顫抖陣陣鼻酸，強忍著告訴自己，那並不是我，唸到「直到結束為止」，泣不成聲再也唸不下去。有個夢境不停在腦海裡運轉，深知累世做過的壞事，始終提醒自己千萬別再犯錯，不然就沒機會跟同學們一起戰鬥了。出版金融預言書，並非佛心來了，僅是為了還清累世債務，寫完這一本，無形間被釋放出來。此時此刻，我想告訴大家的是，面對未來金融局勢，已不再是我們需要擔心的話題，就像歌名中的冠軍們，人人皆是操盤冠軍。

人生的路總是崎嶇不平，如果前方有障礙物，此時兩點最短的距離並非直線，而是有效的路徑。剛畢業的學生想當一名優秀企業家，不是急著開公司，而是先把基層工作做好，累積一些經驗與福報，等上位即能得到真誠的員工來協助；想當金融操盤手，不是急著找資金下單操作，首先要幫助人們避開風險，為自己與大眾守住錢財，再去想盈利，這才是最有效的路徑。

在閱讀《華爾街預言師》時，相信每個人都想成為專業自由的投資客，自己為自己操盤，不再看別人臉色，因此，首先要幫助親朋好友避開這一波世紀股災，保住性命，日後才有機會在金融操作上大展身手。

　　究竟人是為了別人期待而活，還是做為一個獨立個體，去追尋或接納自我的認同？如果明年就是來生，第一時間會想到什麼？對我而言，我想把今生金融操盤的專業知識，濃縮成一本不朽鉅著來幫助有緣人，即使不在人世間，亦能持續流傳到下一個世代。我終於瞭解生命的意義，很驕傲能再次帶領讀者避開這一波空頭市場，會有一股信心給您、讓您微笑，直到我的生命結束為止。

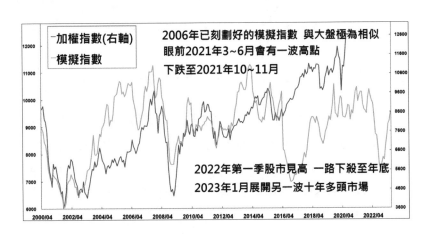

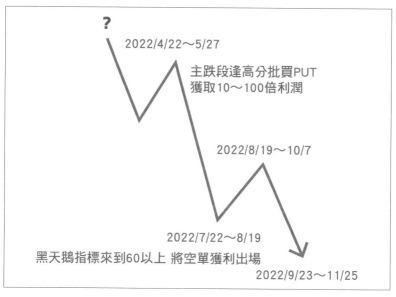

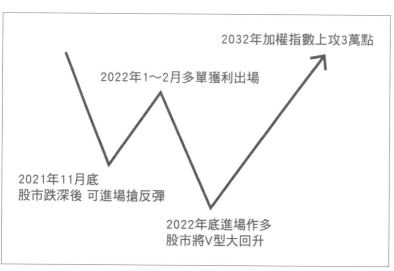

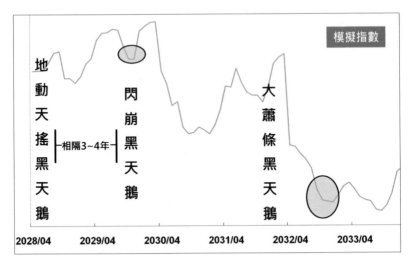

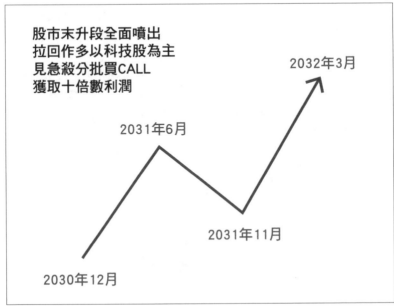

▶專頁 ←

華仔

www.wearn.com/blog.asp?id=27106

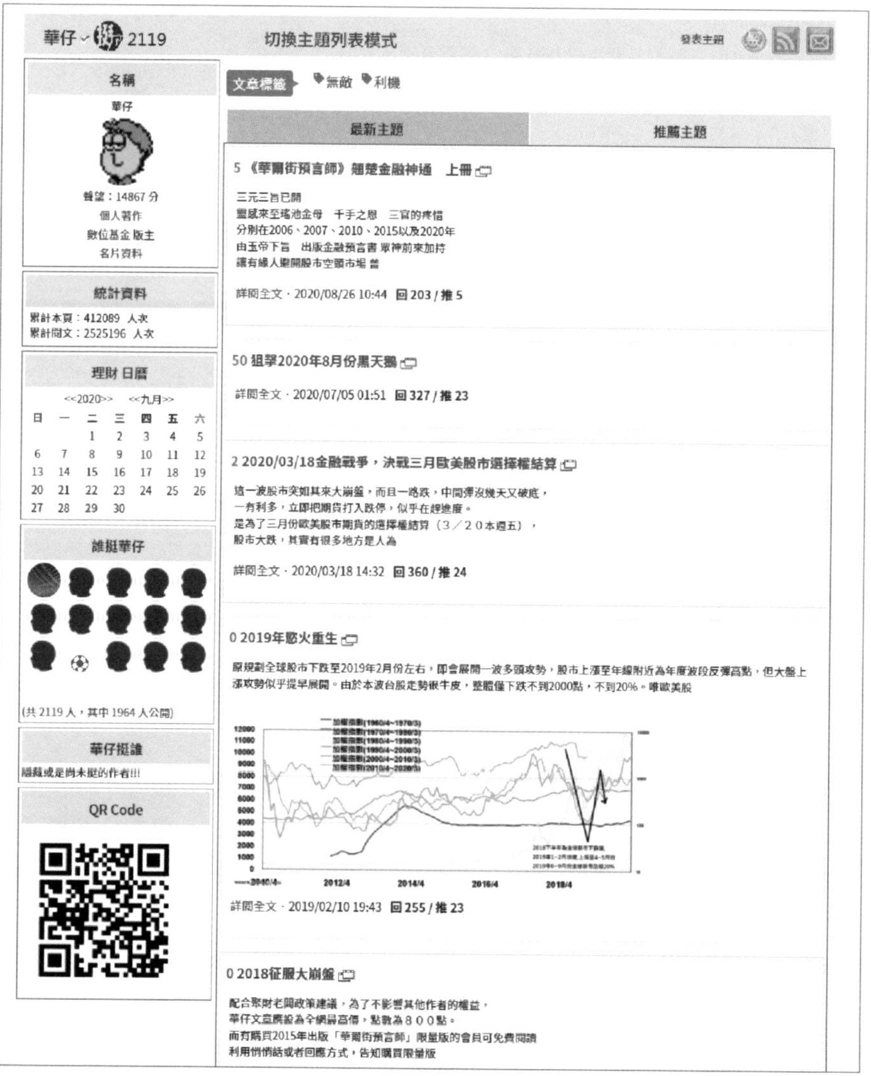

華仔 2119　切換主題列表模式　發表主題

名稱

華仔

聲望：14867 分

個人著作

數位基金 版主

名片資料

統計資料

累計本頁：412089 人次

累計閱文：2525196 人次

理財 日曆

<<2020>>　<<九月>>

日	一	二	三	四	五	六
		1	2	3	4	5
6	7	8	9	10	11	12
13	14	15	16	17	18	19
20	21	22	23	24	25	26
27	28	29	30			

誰挺華仔

(共 2119 人，其中 1964 人公開)

華仔挺誰

隱藏或是尚未挺的作者!!!

QR Code

文章標籤　無敵　利機

最新主題　推薦主題

5 《華爾街預言師》翹楚金融神通　上冊

三元三旨已開
靈感來至瑤池金母　千手之恩　三官的疼惜
分別在2006、2007、2010、2015以及2020年
由玉帝下旨　出版金融預言書 眾神前來加持
讓有緣人避開股市空頭市場 普

詳閱全文 · 2020/08/26 10:44　回 203 / 推 5

50 狙擊2020年8月份黑天鵝

詳閱全文 · 2020/07/05 01:51　回 327 / 推 23

2 2020/03/18金融戰爭，決戰三月歐美股市選擇權結算

這一波股市突如其來大崩盤，而且一路跌，中間彈沒幾天又破底，
一有利多，立即把期貨打入跌停，似乎在趕進度。
是為了三月份歐美股市期貨的選擇權結算（3／20本週五），
股市大跌，其實有很多地方是人為

詳閱全文 · 2020/03/18 14:32　回 360 / 推 24

0 2019年慾火重生

原規劃全球股市下跌至2019年2月份左右，即會展開一波多頭攻勢，股市上漲至年線附近為年度波段反彈高點，但大盤上漲攻勢似乎提早展開。由於本波台股走勢很牛皮，整體僅下跌不到2000點，不到20%。唯歐美股

詳閱全文 · 2019/02/10 19:43　回 255 / 推 23

0 2018征服大崩盤

配合聚財老闆政策建議，為了不影響其他作者的權益，
華仔文章將設為全網員高價，點數為800點。
而有購買2015年出版「華爾街預言師」限量版的會員可免費閱讀
利用悄悄話或者回應方式，告知購買限量版

國家圖書館出版品預行編目(CIP)資料

華爾街預言師.上冊,翹楚金融神通 / 華仔著. -- 初版.
--新北市：聚財資訊, 2020.11
面；公分. -- (聚財網叢書；A109)
ISBN 978-986-6366-85-7 (平裝)

1.股票投資 2.投資技術 3.投資分析

563.53   109015487

聚財網叢書　A109

華爾街預言師(上冊):

翹楚金融神通

作　　者　華仔

總 編 輯　陳媚鈴
編　　校　高怡卿
設　　計　鍾京燕
　　　　　林佳勇

出 版 者　聚財資訊股份有限公司
地　　址　23557 新北市中和區板南路 653 號 18 樓
網　　站　http://www.wearn.com
服務專線　(02) 8228-7755
讀者傳真　(02) 8228-7757

法律顧問　瀛睿律師事務所　簡榮宗 律師

總 經 銷　聯合發行股份有限公司
地　　址　23145 新北市新店區寶橋路 235 巷 6 弄 6 號 2 樓
電　　話　(02) 2917-8022
傳　　真　(02) 2915-6275
I S B N　978-986-6366-85-7
版　　次　2020 年 11 月初版
定　　價　480 元

聚財點數100點
啟用網址 wearn.tw/open

編　號：　P67259

開啟碼：